大地の響

～わたしの音楽武者修行～

市原きみ子

ぱるす出版

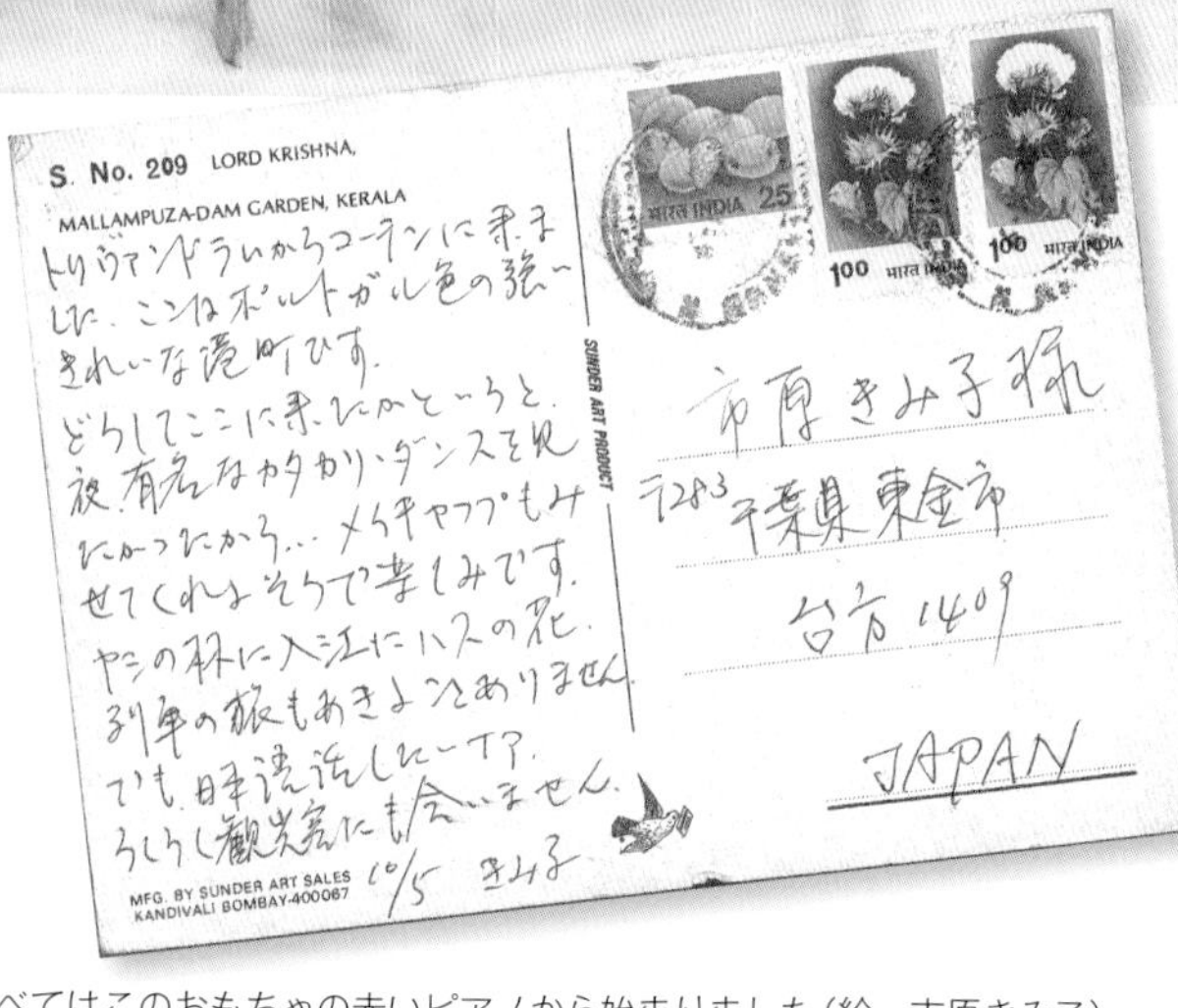

上段：すべてはこのおもちゃの赤いピアノから始まりました（絵・市原きみ子）
下段：旅先からの絵はがきは、すべて実家の住所に、宛名はわたし本人にしました
両親への安否確認であり、旅の日記でもありました

上段：北アルプスの奥穂高岳に登ったとき、星空の下で周囲の人に請われてフルート
を吹きました。涸沢カールでの出来事でした
下段：市原音楽教室の生徒さんが一番多い頃、東金文化会館での発表会

この旅を通して自然の中で生きるすばらしさと、人と人、人と物との出会いの美しさに感動した。このようなシンプルな生活をしたい。本当にありがとう、カトマンドゥ、ネパール……。

上段：ラダック地方のヘミスの祭り
下段：北インドのラダックにて石に経文が書かれていた

そのとてつもない大きさに、とにかくびっくりしてしまう。ここのエローラだってそうだ。どうして石をくり抜いて大きな寺をつくるなんていう発想をしたのだろう。それから150年もの間、毎日、毎日人々はその寺院を掘ったのだ。雨の日も風の日も……。現代、時間を小刻みに使うことしかできない我々には、とても考えられないようなスケールの大きさ、とにかく大きい……。それがインドなのだ。

上段：ゴラパニ峠にて。後ろの雪山はダウラギリ
下段：カイラーサ寺院　石山をくり抜いた寺院

「アンデスの山々を歩き、素朴な民族楽器に魅せられ、フルートやキーボードを片手に歩きまわること12年。わたしにとっては自分の足で集めた思い出深いものばかりです」大小あわせて百点あまり出品。

上段：ハルモニウム（インド）
中段左：フラット・マンドリン（ロシア）／中段右：バラライカ（ロシア）
下段：シタール（インド）

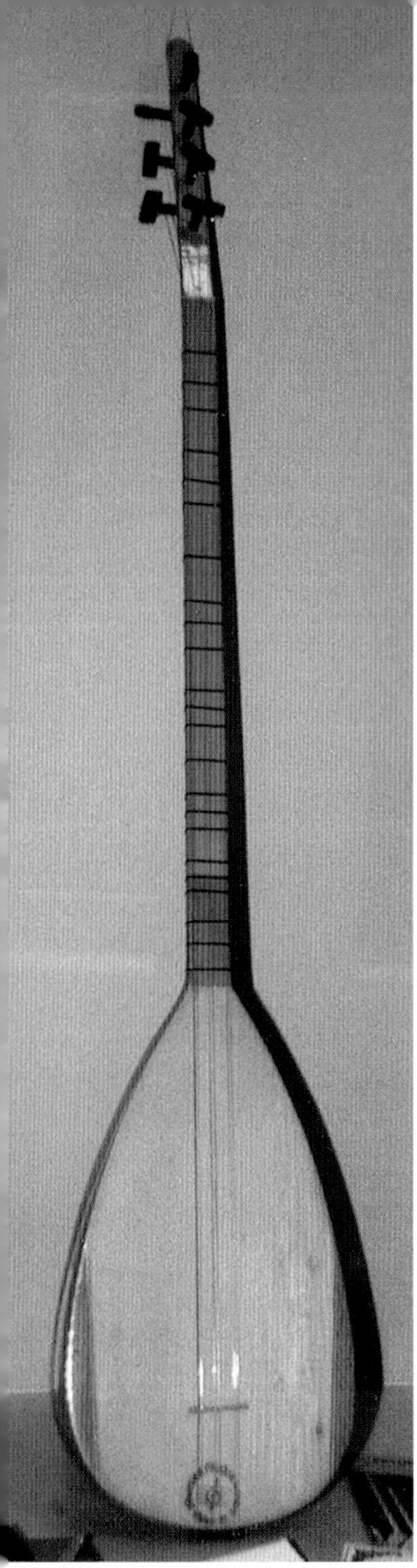

ンゴマ（タンザニア）

サズ（トルコ）　サーランギ（ネパール）　マーダル（ネパール）

上段：バンコックの動物園。いろんな動物がいっしょに飼育されていて楽しい…。
カメなんかワニと一緒だもの

下段：２歳年上のケンジさんと結婚したのは59歳のときでした。２人で日本百名山を完登したのが63歳でした。現在はお互い70歳をすぎて、ウォーキングやハイキングを楽しんでいます

はじめに

最初に断っておきますが、わたしは勇気のある人でも立派な人でもありません。まして素晴らしい芸術家でもありません。

山を登っていても、キャーキャー言いながら鎖や岩にかじりつくような怖がりですし、買ったものは忘れてくる、スカートを二枚履いて中学校に行ったことがあるくらいのうっかり屋でもあります。

小学校の同級生は、「きみ子さんは、授業中よく机でピアノを弾いていたね」と言います。ピアノが欲しくて、音楽をやりたくて仕方のなかった少女が、新しい時代の波に乗って憧れの音楽の先生になり、持ち前の好奇心の強さと行動力を武器に、あちこち飛び回ったわたしの長〜い青春の記録です。

時代に恵まれ、少々周囲の方々に迷惑をかけつつも、助けられ、支えられて何とか無事に乗り越えてきました。

こんな音楽の先生もいたんだ、と面白がってくださったら幸いです。

大地の響～わたしの音楽武者修行～　◉目　次

第一章

フタがあかないし、今では足も取れてなくなってしまいました。それでも捨てられなくて、棚の奥にしまってありました

ピアノと出会う

音楽との最初の出会いは、ラジオの「歌のおばさん」でした。松田トシさんや安西愛子さんの歌う『お山の杉の子』や『犬のおまわりさん』が大好きで、「歌のおばさん」が聴けなくなるからと、幼稚園に行くのを嫌がったそうです。

「ときがね幼稚園」に通い始めると、お昼寝の前などに先生の弾かれるピアノの演奏に夢中になりました。『乙女の祈り』や『トロイメライ』などの美しい音楽、そして先生の指って何て早く動くんだろう、と思いました。

母との買い物の帰り道、おもちゃ屋さんの店先で、赤いグランドピアノを見つけると、洋服も人形も何一つ欲しがったことのなかったわたしが、家まで泣き通しでした。翌日、父はその小さなピアノを買ってきてくれました。

わたしはあっという間に、幼稚園で習った歌やラジオで流れている曲、父の歌う民謡や歌謡曲なども弾けるようになりました。左手の伴奏は自分で適当に考えて弾いていました。

毎日ピアノを弾いていたので、音がしないと「今日はきみ子ちゃんのピアノが聞こえませんね。風邪でもひきましたか?」と近所の人に言われたほどでした。

おもちゃのピアノは、すぐに鍵盤が足りなくなりました。三オクターブしかないピアノには黒鍵がなくて、ただ黒く描かれているだけでした。それでも本物のピアノを買ってとは言い出せませんでした。

日本の国はまだ貧しくて、東金のような田舎町では、ピアノは贅沢品でした。

ピアノのお稽古

わたしの生まれ育った東金は、九十九里浜から十キロほど内陸に入った、現在でも人口六万人足らずの緑豊かな地方都市。昔は城下町や宿場町として、また商業の中心地として栄えていましたが、時代に取り残されたような街です。

JR東金駅から、シャッター通りのような商店街を五分ほど歩き、ゆるい坂を登ると、八鶴湖という周囲八百メートルの池があります。池をはさんで最福寺、本漸寺という二つの寺があり、本漸寺の隣は徳川家康が鷹狩りにきた時に泊った東金御殿で、跡地には県立東金高校が建ち、裏山は東金城址となっています。

桜の名所としても名高く、花見のころは池のまわりにぼんぼりが灯り、夜桜見物の人で賑わいます。

八鶴湖周辺は谷《ヤツ》と呼ばれていて、少し奥まったところに東金変電所があり、わたしは昭和二十四年にその社宅で生まれました。

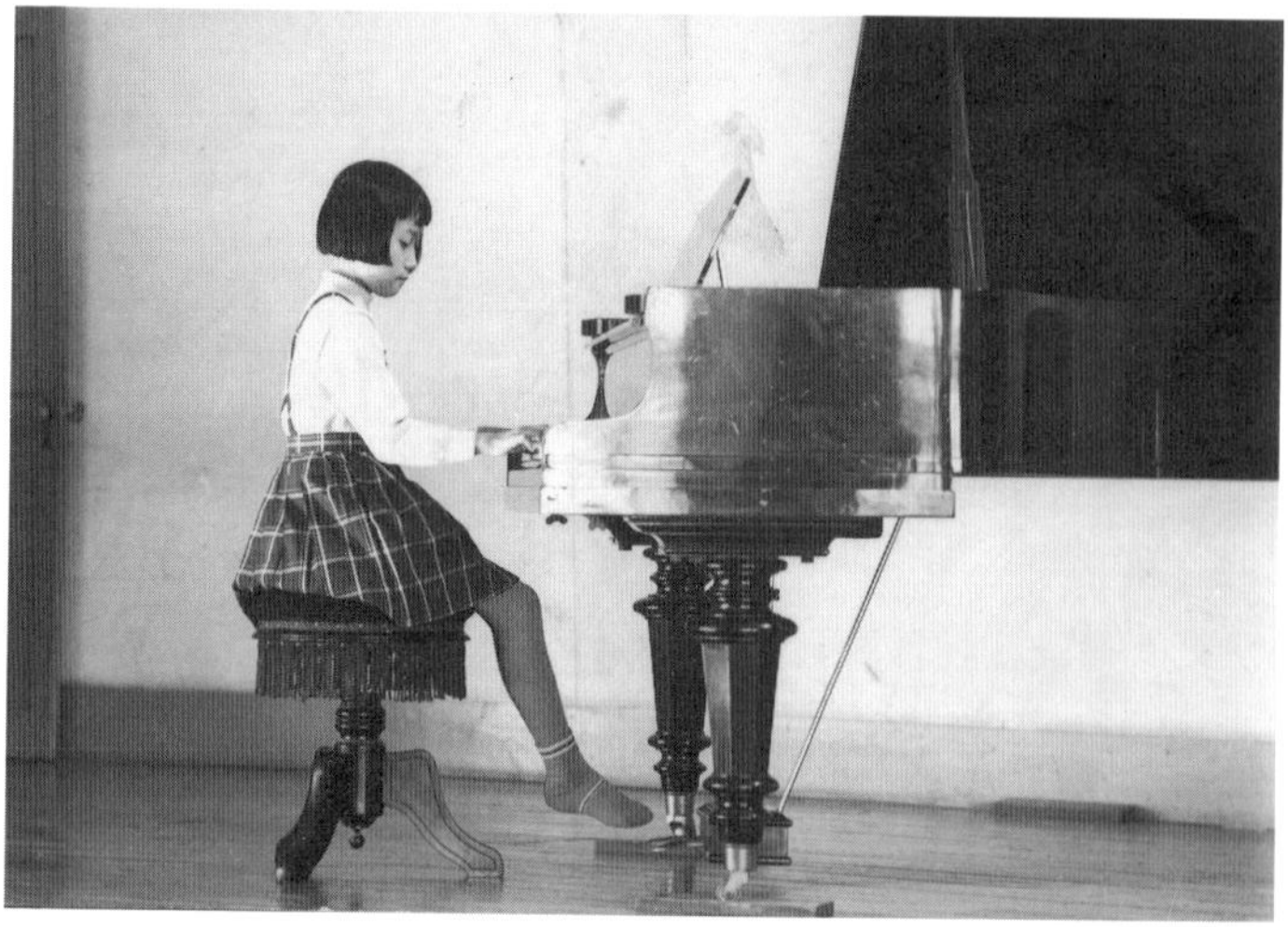

はじめてのピアノ発表会

東京電力に勤める釣りや盆栽の好きな父、家事が得意で日本画や生け花がじょうずだった母、しっかり者の祖母、三歳下の妹という平和な家庭でした。

妹のようにママゴトやお人形に興味がなかったわたしは、ピアノを弾いたりぬり絵を塗ったりするほかは、男の子とチャンバラをしたり、バッタやザリガニを捕まえたりして大きくなりました。

本格的なピアノのレッスンに通うようになったのは小学校も高学年になってからで、母は八鶴湖の上り口にある大野先生のお宅に連れて行ってくれました。大野先生ご夫妻は、世界的なピアニスト深沢（旧姓大野）亮子先生のご両親として有名でしたが、当時東金にはほかにピアノの先生はいなかったと思います。

バイエルの手ほどきをしてくださったのは、お母さまの敏子先生でした。亮子先生をピアニストに育てた記録『ピアノの日記』を音楽の友社から出版されていますが、音楽だけでなく日本画や手芸もお得意で、厚化粧はしないのに、肌が抜けるように白くて、本当に美しい方でした。

わたしだけでなく、ほとんどの生徒がピアノを持っていませんでした。今のようにレッスン時間がきちんと決まっていなかったので、レッスンの前に練習させていただいたり、空いている曜日にピアノをお借りしたりしていました。

わたしが練習していると、ミカンやお菓子、当時珍しかった冷蔵庫の氷が入ったお水を持ってきてくださったり、「きみ子ちゃん、きみ子ちゃん」と可愛がっていただきました。

わたしたちは、お稽古の順番を待つ間に、廊下でオハジキをしたり、庭の笹の芽をみんな摘んでしまってあきれられたり、のびのびとピアノの勉強をしていました。

みんなが何年もかかっていたバイエルを十一カ月で修了、とても早いと褒められましたが、遊びながらほとんどの曲を弾く前に覚えてしまっていたからです。

わたしたちは、先生と言わないで、おじさん、おばさんと呼んでいました。

バイエルが終わって次のツェルニーになると、おじさんことお父さまの桂先生がみてくださるのですが、言葉や態度はやさしいのに、レッスンの厳しいことといったらありませんでした。暗譜して完璧に弾けないと丸をくれないのですが、一度でもミスをしたらダメなのです。

次のレッスンで、間違えずに弾くと、「何か感動させるものが足りないね」などとおっしゃる。もう一度弾くと、緊張しすぎてつかえてしまったりして、一曲が三カ月かかるなんてザラで、ソナチネなどだと一年もかかってしまったりしていました。

桂先生は、東京大学で心理学を学ばれ、まだお仕事をされていましたから、日曜日だけ上級の生徒さんをみておられました。ピアノはもちろんフルートの名手でもあり、邦楽や民族楽器にも温かい理解をもっていらっしゃいました。

良寛さまがお好きで、主宰されていた会は『春陽音楽研究会』といいました。「ながきはるひを子どもらと　てまりつきつつ　今日もくらしつ」という良寛さまのお歌からとられた、と伺っています。

のちに『こどもの心理とピアノの指導法』という本を出されていますが、その出版記念講演をヤマハ千葉センターでなさったとき、わたしはベートーベンやショパンの名曲をエレクトーンで演奏させていただきました。今でも少し恥ずかしいですね。

お二人には、良いものを聴く耳を持つこと、まじめに努力すること、音楽に誠実であることなど、いろんなことを教えていただきました。

亮子先生はウイーンに留学中でしたが、弟さん二人もピアノやバイオリンを演奏され、音楽一家ってこういうものなのか、とわたしたち生徒のあこがれの的でもありました。

あの時代に東金で素晴らしい音楽や文化の種をまいてくださったことは、私たち田舎の子どもたちにとって本当に幸せだったと思います。現在でも弟子や孫弟子が、演奏者やピアノの先生として活躍しています。

母が、「乳母車を押して大野先生のお宅の前を通ると、いつもきれいなピアノの音が聞こえてきてね」とか、「まだ小学生だった亮子先生がニコニコして門から出てきて、『赤ちゃん、かわいい』とほめてくれたこともあったよ」と言ってました。わたしの音楽との最初の出会いは、大野先生のお宅のピアノの音だったのかもしれません。

転校生

中学に入ると、父の勤務の関係で二度も転校しています。山の中の大多喜町に一年（ここにはピアノの先生はいませんでした）と、漁師町のいすみ市大原に七年住みました。

大原中は荒れていて、特にいじめにあったわけではありませんが、授業中に弁当は食べる、女の先生は泣いて職員室に戻る、というひどい状態でした。海辺の子どもは気が荒いんですね。

家の近くに北町キリスト教会があって、ノルウェーからメロエン先生夫妻が布教にみえていました。わたしが何の抵抗もなく教会の門をくぐったのは、プロテスタントの「ときがね幼稚園」

に通っていたからかもしれません。

ご夫妻はじきに国に帰られ、日本人の牧師さんに代わりましたが、聖歌を歌うことや足踏み式のオルガンを弾くことがうれしくて、日曜学校に毎週通いました。そのうちに、礼拝の時の聖歌の伴奏をするようになりました。

大原中では、放課後に音楽の先生からマンドリンを教えていただき、仲間とロシア民謡、カンツォーネなどの演奏を楽しみました。

小さなレコードプレイヤーで、ハラシェビッチの弾くショパンのレコードを擦り減るほど聴いたのも懐かしい思い出です。いつかわたしも『木枯らしのエチュード』を弾きたい。お小遣いをためて買った電気オルガンを、毎日弾きまくっていました。

高校ではピアノの先生に少しついたのですが、あまり相性が良くなかったのか長くは続きませんでした。

父は東金市の台方に土地を買ってあって、家を建てることになっていましたから、そうしたらまた大野先生にピアノを教えていただこうと夢見ていました。

OL時代

昭和四十二年、高校を卒業すると、父と同じ東京電力のOLになりました。当時は、教師か客室乗務員以外に女性の専門的な職業はあまりなくて、高校を出たらきちんとした会社に勤めて、花嫁修業をして、良い人と結婚して子供を産んで、というのが一般的な幸せコースでした。

わたしの場合は、ピアノを買うお金が欲しかっただけだったのかもしれません。千葉支店の配属になったので、初めのうちは大原から通勤しました。まだ快速電車が走ってなかったので、千葉までたっぷり二時間かかりました。六時ころの始発電車は、冬は暖房がなかなか効かなくて、カイロを持っていても寒くて震えていました。パンツやブーツを履くことが一般的でなく、ミニスカートにストッキングで通ったものでした。

車内で仲間としゃべりながら、わたしはレース編みのピアノかけを編んでいました。

定年後は故郷の東金で田舎暮らしをしたかった父は、前から買ってあった台方の土地に家を建てて、わたしが就職をした翌年の七月に引っ越しをしました。農村地帯でしたが、ピアノを弾くには良い環境でした。それに通勤時間は半分の一時間ですみました。

わたしは引っ越すとすぐにアップライトピアノを購入して、再び大野先生の門をたたきました。先生のお宅に伺うと、敏子先生が「まあ、きみ子ちゃん大きくなったのねえ」と懐かしそうに迎えてくださいました。

「今は総生が教えてるの。あの子はねえ、生徒さんには本当にやさしいのよ」と紹介してくださったのは、亮子先生の弟さんで、東京大学工学部の大学院に通っていた総生先生でした。生徒さんが多くなったので、両親を手伝って教えるようになった、まだ大学に籍はあるけどね、などとおっしゃっていました。

総生先生は、子どものころはバイオリンを弾かれていて、大学のオケでも活躍されたそうです。お父さんの桂先生とはまた違った意味で厳しくて、たくさんのことを教えていただきました。

「僕もそうだけど、大人になると思うように時間がとれないし、子どものように指が動かない。でも困難を何とかしようと思うのが、その人の知性だよ」

「プロとアマの違いは、ただお金をもらうか、もらわないかだけだと思う。音楽的に完璧を目指して努力するのは、どちらも同じだよね」

「今度の発表会で、僕のバイオリンの伴奏をしてもらおうかな」

わたしは仕事を終えて家に戻ると、毎日二時間ピアノを弾きました。最初のうちはピアノのタッチに慣れなかったのですが、だんだん褒めていただくようになり、うれしくて仕方がありませんでした。

平日のレッスンだったので、勤め帰りのわたしが最後になることが多かったのですが、レッスンのあとに音楽以外のいろいろな話をするのも楽しみでした。

「最初に会った時、あなたは水仙色のドレスを着ていたね」などという言葉に、わたしは胸をときめかせました。先生に聴いてもらいたい、という気持ちも手伝って熱心に練習しました。

わたしが配属されたのは、千葉支店料金課記帳係で、電気料金を計算するための需要家カードの管理、データの変更などをするのが主な仕事でした。

今と違って、まだまだ人間的でのんびりとした職場でしたが、当時の日記帳をめくってみると、忙しい仕事の中で頑張っている姿が浮かび上がってきます。

8月29日（1969年）

ピアノ、昨夜の予定だったが今日うかがう。残業をしていたので遅くなってしまった。おじさん先生がみてくださる。途中で総生先生が入ってきて、じっと聴いていらした。おじさんが褒めてくださった。

「よく勉強してあるね。テクニックもいいし、音楽性もあるし、このまま続けたら、かなりのところまで行けそうな気がする」とおっしゃった。うれしくて下をむいていた。

総生先生が代わって次の曲をみてくださったが、「曲をまとめる力に欠ける」とはっきり指摘してくださった。叱られてかえってうれしかった。

終わってから少し時間があったので、お話をしていた。そのうちに、少し歩いてみますかとおっしゃって、八鶴湖を二人で散歩、東金高校の方まで歩いた。すごく静か。先生は知恵遅れの子どもたちの施設を作りたいという。

尊敬できる先生に巡り合って本当に良かった。明日も残業。

9月25日

台風が近くなっている。ピアノのレッスン日なので、残業の予定だったが帰してもらう。その代わり、明日一人で居残りするつもりである。ツェルニー、やはり難しい。音をはずしてしまう。千回弾きなさい、と言われる。でも、先生許してください、今週はとてもできません。

そしてランゲの『花の歌』、わたしのできも良くなかったけれど、今日の先生、とてもこわかった。変ロ長調のところ、表情をつけてくださったら、とたんにいきいきしてきた。

先生が熱心にみてくださるのに、明日は残業、土日は社員旅行で鎌倉、帰ってからは疲れていて、とても二時間は弾けないだろう。

登山を始める

初めての山らしい山は、同期の仲良し四人組で行った、上高地小梨平でのキャンプでした。梓川の流れ、穂高の勇姿、もともと自然が大好きだったわたしは、あまりの素晴らしさに感激するばかりでした。

バンガローに荷物を置くと、焼岳に行けるところまで登ってみよう、ということになりました。軽装だったし、時間もなかったから途中で引き返しましたが、わたしはもっと上まで行きたい、と強く思いました。ヘルメットをかぶり、ピッケル、ザイルを持った本格的な登山者をうらやましくみていました。

それから、富士山、三つ峠などの山に、仲間や妹と出かけるようになりました。

夜行列車を使うのが一般的でしたから、残業をしてから夜行に乗り、美ヶ原から霧ケ峰まで歩いて、また夜行で戻り、会社の更衣室で仮眠して仕事をしたこともありました。

連休の大菩薩峠越えを計画したときは、立ちっぱなしで夜中の二時に塩山に着き、始発のバスを待つ時間がもったいないと、登山口まで三時間歩き、峠を越えて丹波までさらに十二時間も歩きました。若かったからできたんでしょうね。

同じ職場で一歳年上の通称ヤギさんや彼の友人たちと、北八ヶ岳を縦走したのも懐かしい思い出です。体育の日の連休で、夜行列車は混んでいました。男性四人・女性二人パーティのわたしたちは、全員が同じ列車に乗ることができなくて、ドアに張りつくようにして茅野まで行ったものの、切符を持った仲間が乗った次の列車が着くまで、駅のホームや、ホームに置いてあった荷車の上で仮眠して待ちました。しんしんと冷えてきて、わたしはお腹を冷やしたのか下痢が始まってしまいました。

山は素晴らしかったのですが、あいにくの冷たい雨に濡れながら、トイレの場所を探しながらの登山は悲惨そのものでした。

無事に下山して、千葉駅近くの飲み屋で賑やかに打ち上げをしました。ほろ酔いのヤギさんがわたしに言いました。

「おぬし、好きな人いるか？」

「うん、でもずっと年上の人……」とつい答えてしまいました。総生先生には、ほのかな憧れを抱いていただけだったのですが。

わたしはしだいに、仕事と趣味の両立に悩むようになりました。

職場では、コンピューターへの移行準備などがあり、毎日残業しなければならないほどでした。後輩の面倒をみる役目もおおせつかっていたから、さぼるわけにもいきません。

そのほか、仲間とコーラスグループを作って、わたしの古い電気オルガンを図書室に持ち込んで伴奏をつとめていました。

できたばかりの「東電こまくさ山の会」に参加したり、ダンスパーティ、スケート、カルタ会。わたしはあちこちに首を突っ込んでは、どれも捨てきれなくてフウフウいっていました。

エレクトーンを始めたきっかけは、コーラスの指揮をしていた同僚の寿美香ちゃんが、買ったばかりのエレクトーンを図書室に持ち込んだことでした。ちょっと借りて弾いてみるととても面白くて、もともと即興演奏が得意だったわたしは、「これだ」と思いました。エレクトーンはこれからブームになるところで、まさしく夢の楽器でした。

ヤマハ千葉センターの指導者養成コースに入ったわたしは、半年で六級という準指導者の資格を取って、四年四カ月のOL生活にピリオドを打ちました。

お世話になった大野先生ご一家には申しわけないと思ったし、講師になってエレクトーンが一段落したら、またピアノのレッスンを再開しようと思っていたのですが、忙しさに紛れて叶いませんでした。

ヤマハに入って一年半ほどたった頃、総生先生は三十一歳の若さで亡くなられました。その半年後、敏子先生も後を追うように他界されました。

エレクトーンを仕事に

二十二歳で東京電力を辞めるとき、上司の方々に引きとめていただき、周囲の人には、あんないい会社をどうして辞めるんだと言われました。

今の時代だったら、せっかく得た正社員の仕事を捨てて、収入の保証がない自由業を選ばなかったかもしれません。

あの時も、まったく不安がなかったわけではありませんが、辞めた時の解放感は忘れることができません。これから自分の時間をどう使っても良いのですから。

本来ならば電子オルガンと書くべきでしょうが、あえてヤマハの登録商標であるエレクトーンという名前を使わせていただくことにします。

鍵盤を弾くのはエレクトーンもピアノも同じですが、それではピアノの先生がエレクトーンを弾きこなせるかというと、そうでもありません。エレクトーンにはベース鍵盤があって、左足で足鍵盤を踏んで低音を演奏するのが大きな違いですが、一番の相違点は、ピアノは生の音でエレクトーンは電気の音だということです。

さまざまな音が出せて、どんな音楽でも弾くことができるので、演奏者はいろいろなジャンルの音楽や楽器の奏法を勉強する必要がありました。また即興演奏ができなければならないし、作曲や編曲を学ばなければなりませんでした。

最初は真空管だったのがＩＣに、それからデジタルにとどんどん変わっていく宿命を持った楽器でもありました。現在ではコンピューターと繋いでさまざまな事ができるし、素晴らしい楽器に成長しましたが、新しい機種への買い替えに追われて、それにあった奏法を絶えず研究していかなければならない、というシンドイ楽器でもありました。

ヤマハではグレード制度を採用していて、学歴に関係なく、資格を取るとランクが上の仕事をすることができました。

わたしは五級の講師の資格をとって、東金に本店があった多田屋という特約店で音楽教室の講師として仕事を始めました。あれよあれよという間に、一時は九十人もの生徒さんを抱えるようになってしまい、慣れない子どもたちの指導に頭を悩ませながら、自分の練習として一日中エレクトーンを弾いていたこともありましたから、ものすごいエネルギーでしたね。

翌年、チーフ講師という制度ができると、多田屋の初代のチーフ講師になりました。グレードの四級を取得して、グレード試験の試験官の仕事もするようになり、日曜日になると、千葉県各地に試験官として赴きました。

少しずつ自宅の教室にみえる生徒さんも増えていきました。子どもが多かったのですが、音楽の先生やピアノ教師、ＯＬの方など、大人も熱心に通ってきてくださいました。

まだ音楽教室のためのシステムやテキストが充分に整っていなくて、講師も足りない時代でした。仲間の講師たちの経歴も、音大を出た人から、ＯＬや教員を辞めた人、タンゴやハワイアンバンドにいた人などさまざまでした。個性的でファッショナブルな方が多く、新しい楽器に魅せられて、みんな一生懸命だったような気がします。


講師の仕事とは別に、演奏の仕事も始めました。「プレイヤーズ・サークル」というグループに所属したので、千葉市周辺のホテルや結婚式場から、ウエディングプレイヤーとしての仕事の依頼が入りました。大安の日曜日など、二つも三つもかけ持ちしました。

今のようにカラオケがなかったので、わたしたち奏者は、歌う人の音程に合わせて伴奏しなければならなくて、それがスリルでもあり、やりがいでもありました。

ファックスがない時代でした。ある時は前日に二十四曲もリクエストが入り、知らない曲は友人に電話口で歌ってもらって、それを譜面に書いて徹夜で練習、翌日演奏したこともありました。

そのほかに、ダンスパーティとか美人コンテストとか、さまざまなイベントで演奏させてもらいました。今になって思うと、希少価値で通っていたようなものだったのかもしれませんが、華やかな場で、ロングドレスをまとっての仕事はうれしかったですね。

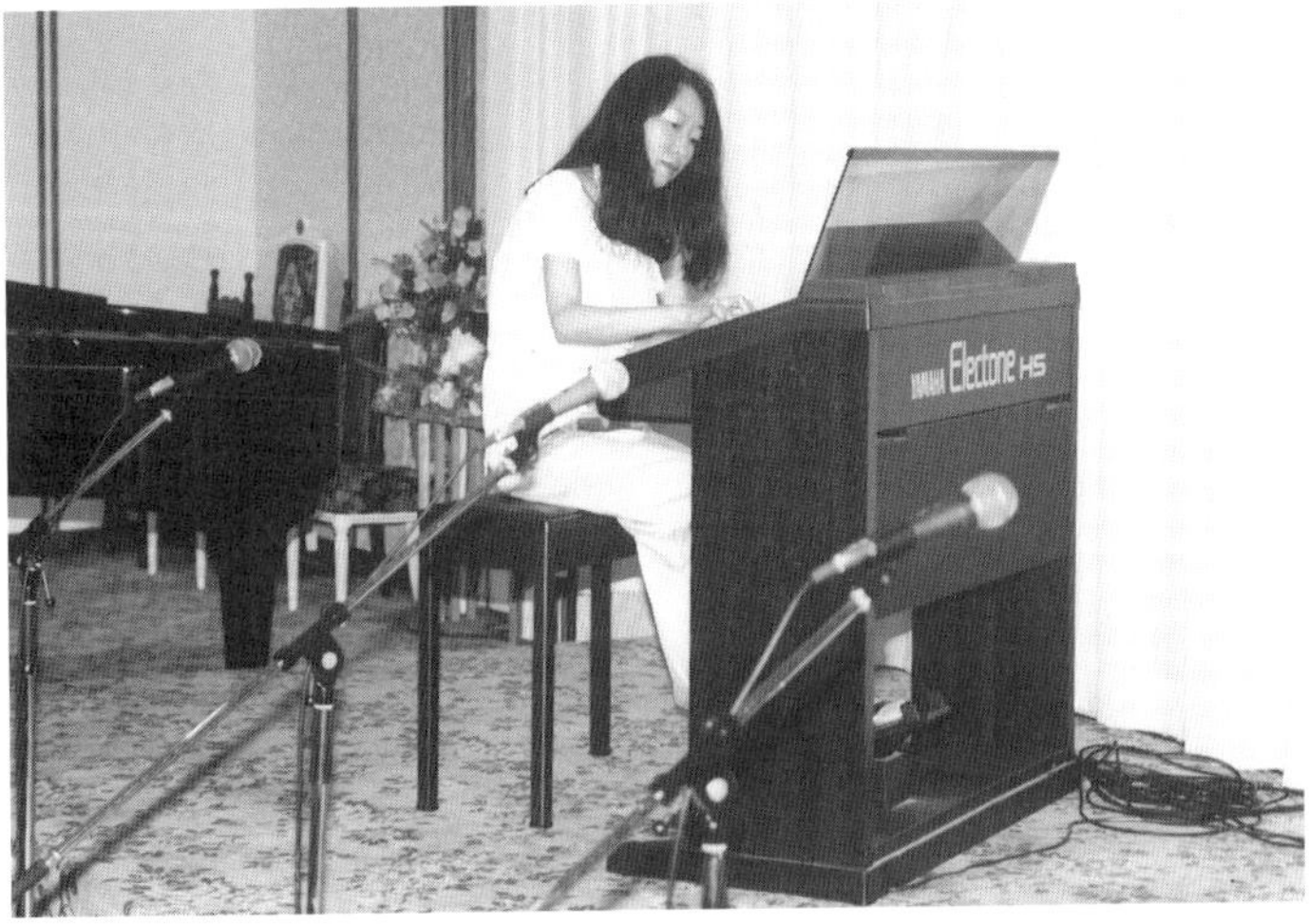

講師演奏。レストランで発表会をすることも

長い髪をなびかせて、サンローランやハナエモリのドレス、ランセルにクレージュを身に付けたわたしは、人生バラ色だと思ったものでした。

夜の仕事も楽しかったですね。千葉市の栄町という歓楽街のスナックで、友人たちとローテーションを組んで演奏したこともありました。そこにはピアノと電子オルガンが置いてあって、わたしたちは勉強だと言っては好きな方を弾いていました。

時々プレイヤー仲間が遊びに来て、一杯機嫌で即興演奏やアンサンブルを楽しみました。ミュージカルまがいの歌まで飛び出して、パーティのような騒ぎになることもありました。

ヤマハはわたしたちの学校だったと思います。いろいろな人に出会えて、たくさんの経験をさせていただきました。わたしたちは、半分学生で半分芸能人のような気分でした。

研修や会議は、銀座のヤマハホール、浜松町の貿易センタービルにあった東京ミュージックセンターを使わせてもらい、『合歓の郷』や『つま恋』などのヤマハの宿泊施設で、宿泊研修が行われました。

研修には、前田憲男さん、羽田健太郎さんなど一流のジャズメンが演奏にきてくださったりと、素晴らしい内容でした。

講師コンサートが時々開かれて、千葉の民話に取材した手作りミュージカルや、和楽器やシンセサイザーとの共演などを楽しみました。

千葉では上級の講座があまりなかったので、渋谷センターや新宿センターまで講座を受けに行きました。八城一夫先生のジャズ理論、竹内剛先生の和声法、菊地雅春先生のコード進行法などで、演奏は八幡やす子先生、島田温先生、西村則子先生にお世話になりました。

川村江一先生は東松山に住んでおられたので、半分旅行気分でレッスンに通いました。

景気の良い時代で、仕事はいくらでもありました。仲間の先生にドラムやギターを教わったり、ジャズピアノの真似事をしてセッションをしてみたり、この仕事を選んで本当に良かったと思いました。

ピアノのグレード五級をとり、三級の指導グレードという理論の資格もとりました。三級の講師は、千葉県全体でもあまりいなくて、音大も出ていないわたしがよく頑張ったものだと思います。

後輩たちが増えて、システムが整っていくと、わたしは指導者養成コースや上級者の指導を担当するようになります。エレクトーンフェスティバルやジュニアオリジナルコンサートなどに生徒を送り込み、いやでも目立つ存在になっていきました。

支店分割でヤマハ千葉支店ができ、コミュニティセンターの中に新しい千葉センターができました。わたしはオープンと同時に『こどものための総合音楽講座』を担当しました。ドラムの猪瀬雅治先生や作曲家の青木進先生と組んで、上級の生徒さんたちにアンサンブルや創作の経験をさせようというコースで、内容はわたしに一任されました。

幸い好評でしたが、そうなると次々に仕事が持ち込まれて、全国規模の研修に支店代表として参加したり、自分の力量以上の仕事を抱え込むようになりました。

海外の旅へ

集中して仕事や練習をすると、肩こりや目の疲れに悩まされましたが、気分転換は山登りでした。友人たちと、あるいはふらっと一人で自然の中で過ごす時間は、心身のリフレッシュには最高でした。だから長く仕事ができたのかもしれません。

山登りは、南北アルプス、越後や東北の山々、北海道や九州にとエスカレートしていきました。最初の海外旅行は二十六歳の時で、講師仲間の博子先生と出かけた冬のロシアでした。まだ海外旅行は一般的でなくて、参加者はお医者さんとか社長さん、絵描きさんなど特殊な職業の方が多かったですね。

二百人もの団体で、新潟からソ連の貨客船でナホトカに渡り、シベリア鉄道と飛行機を乗り継いで、モスクワやレニングラード（現在のサンクトペテルブルグ）で冬の芸術祭を見学する、というプランでした。

わたしたちは「減量ツアー」と悪口を言いましたが、冬の日本海は荒れて、ほとんどの人が

冬のロシアの旅。右はガイドさん

船酔いに苦しみました。

ドジなわたしは、シベリア鉄道の凍りついた重いドアに足をはさみ、紫色に腫れた足ではブーツを履けなくて、室内履きで雪の上をピョンピョン片足で飛び跳ねて歩いていました。

観光のスケジュールも過密で、毎晩バレエやオペラを見物に出かけたので、ボリショイ劇場での、プリセツカヤの舞う『アンナ・カレーニナ』は目が覚めるほど美しかったはずなのに、わたしたちは必死で睡魔と戦っていました。

零下二十三度にまで下がった夜のプラットホームでは、鼻水や睫毛まで凍りつきました。脂っこい食事で体調を崩し、多くの方がだんだん痩せていきました。

わたしは帰りの船の中で鼻血を出し、お腹の具合も悪くて、新潟に着くと、お土産のバラライカやフラットマンドリン、たくさんのレコードが入ったスーツケースを持って、よろよろと船を降りる始末でした。海外旅行のどこが面白いのかと思いました。

それでも懲りずに、翌年の冬は、博子先生ともう一人の講師仲間と三人で、暖かいオーストラリアに行きました。シドニーのオペラハウスにも出かけ、優雅にオペラを鑑賞しました。

独身貴族のわたしたちは、狐やカンガルーの毛皮のコートを買って帰ってきました。

「あなたさあ、東京電力なんて男の人がたくさんいる会社にいたんでしょう？　なんで一人くらい確保しておかなかったのよ」

「そんなこと言ってもしょうがないじゃない。いつだって結婚できるって勘違いしちゃったのよ。ところがヤマハに入ったらさ、女の人ばかりなんだもん」

まだ外房地区に、博子先生とわたししかグレード試験官がいなかったころ、よく二人であちこちのお店に試験官として招かれました。

同い年のわたしたちは、良き遊び相手であり、仕事はきっちりとする良きライバルでもありました。妹が先に結婚して子どもが生まれた、というのも同じで、仕事の間にそんな会話を交わしたものでした。

忙しい生活が続き、殺人的なスケジュールに追われて、どんどん大変な生活になっていきました。三カ月くらいまったくお休みがないこともありました。

心身の疲れで病気になったり、もういいや、と退職して結婚する先生もおられました。わたしも残りの三級の演奏グレードを受けようとして、エレクトーンを弾きすぎて腰を痛めました。腰痛は、両手両足を使ってエレクトーンを弾く、わたしたちの職業病でもありました。

腰痛が直って、オーストラリアの旅から一年後の冬、今度はニュージーランドのトレッキングツアーに参加することにしました。「世界一美しい散歩道」と言われるミルフォード・トラックを歩くツアーで、博子先生はそれほど山好きではなかったのですが、一人では淋しいからといっしょに参加してもらいました。

山は本当に美しくて、シダの森や無数の滝があり、マウントクック・リリーやマウントデイジーなどの高山植物が咲き乱れていました。三日間のトレッキングの後は、船や飛行機でフィヨルドの観光を楽しみました。

テレビで秘境特集番組などほとんどない頃です。わたしはこんな面白い世界があるのか、と夢中になりました。

博子先生は、同じツアーでマウントクックの登山に来ていた男性と恋に落ちて、あっという間に奈良にお嫁に行くことになってしまいました。

アンデス・トレッキング

取り残されたわたしは、ニュージーランド・トレッキングから半年後の夏休みに、友だちの義理のお父さんである秋場さんと、三週間のアンデス・トレッキングツアーに参加しました。

アンデストレッキングの仲間達
高山病で顔がむくんでいます

マンドーラ・ケーナなどのおみやげの品々

できたばかりの成田国際空港に十八名が集まります。五十代の秋場さんと四十代の山岳画家、山里寿男先生は別格として、独身で三十歳前後の人が中心でした。教員や公務員が多かったけれど、仕事を辞めて参加した人も何人かおられました。

ペルーのリマから山の街ワラスに移動して、十日間のトレッキングが始まりました。荷物はブーロ（ロバ）たちが運んでくれますが、自分たちでテントを張り、炊事も当番制でした。食事の後は焚火を囲んで、ピスコという地酒を飲み、みんなで歌い踊りました。アリエロ（ロバを追う人）がギターを弾いて、ワイーノ（フォルクローレの一種）を演奏してくれました。

わたしたちは高山病に悩まされながら、四千五百メートルを超える峠を越えてアマゾンの源流地帯まで行きました。氷河をいただいたアンデスの山々を眺めながら、インカ時代の石組みの残る道や、インカの末裔のような人々が住む部落も歩きました。

帰りの飛行機では、ずっと山里先生の隣の席でした。はじめは少し緊張していましたが、フランスに留学された話、ヒマラヤの旅や絵の話を伺って飽きることがありませんでした。先生は、「あなた、若い時にインドとネパールを見ていらっしゃい」と言われました。

ケーナや土の笛、マンドーラなどの楽器、たくさんの民芸品を抱えて戻りました。

二十九歳で出会ったアンデスは、わたしに強烈な印象を与えました。人々はボロをまとっていてもキラキラした目をしていました。星空の下で聴いた彼らの素朴な音楽は、なんて素晴らしかったのでしょうか。

帰国後、ツアーの仲間で「グルッポ・ワラシーノス」を結成しました。登山基地ワラスの仲間たちという意味のスペイン語です。メンバーは個性的ではあってもわがままではありませんでした。あんなに長い過酷な旅をしたのに、一度も揉めませんでした。

関さんが会長、彼のパートナーであるサエ子女史が副会長というように全員が役職につき、わたしは音楽担当部長になりました。才能豊かな方が多くて、手作りの機関紙が発行され、いろんなイベントが企画されました。新しい世界を開いてくれた仲間の出現に、今が青春だと思ったほどでした。

同じく帰国後レッスンを始めたのが、ドラムとフルートです。ドラムはいっしょに講座をしていた猪瀬先生のクラスに入れてもらったのですが、ユニークな方が多くて、「サバンナ」というバンドを組んで活動していくことになります。

そのころ、自分の専門以外の楽器を習おう、という企画の研修があり、迷わずにフルートを選びました。わたしの指は細くて、アンデスで買ってきたケーナの穴を押さえずらかったこともありますが、その後、大野悦男先生に九年半指導を受けました。

当時は山や旅へもフルートを持っていきました。今のように小さなキーボードがなかったし、自分の息で吹くという行為をとても心地よく感じたものでした。

ネパールヒマラヤ・トレッキング

アンデスの旅から半年後の春、今度は一人でネパール・エベレストコースのトレッキングツアーに参加しました。

乗り継ぎのために一泊したカルカッタでは、路上生活者や手足のない物乞いなど、アンデスとは比べ物にならない貧しさにショックを受けました。カトマンドゥは、まだ観光客が少なくて、道には牛がのんびり寝そべっていました。

わたしはトレッキング二日目のナムチェで、高熱を出し激しい下痢に見舞われました。仕方なく高山病で苦しんでいる友人とトレッキングをあきらめて、空港近くの小さなゲストハウスでフライト待ちをすることになりました。

ちょうど週に一度開かれるナムチェのバザールの日で、ダムニャンという弦楽器を手に入れることができました。日本の遠征隊の方たちが同じゲストハウスに滞在していて、夜はビールやチャンというお酒を飲んで宴会になりました。シェルパがさっき買ったダムニャンを弾いてくれて、みんなで腕を組んでシェルパダンスを踊りました。

わたしはステップを覚えたくてずっと踊っていたので、「その元気があったら、エベレストに登れるんじゃないですか」と遠征隊の人にからかわれました。

大地の響

その何カ月か後の夏、ワラシーノスの仲間の何人かと、キリマンジャロ登山に出かけました。六千メートル近いキリマンジャロは、標高は高いけれど根性と体力さえあれば、特に登山技術がなくても登れる山です。フルートを持って行きましたが、三千八百メートルの山小屋でみんなの歌の伴奏をしたら、酸欠で頭がクラクラしました。

十一人の仲間のうち六人が登頂に成功しました。わたしも何とか頂上（ギルマンスポイント）まで登り、赤道直下のブルーに輝く氷河を眺めることができました。

下山してからは、太鼓やカリンバなどの楽器を買い、わたしの即興アレンジでみんなとアンサンブルを楽しみました。

帰りにパキスタンのスワット渓谷に寄りました。ガンダーラの仏様や仏教遺跡で有名な所です。

ある夜、村の音楽家と踊り子をホテルに呼んで、演奏をしてもらうことになりました。そのセクシーな踊り子が実は男性だったので、わたしたちは大笑いしました。女性が素顔を見せないパキスタンの田舎では当然のことでしたが。

その後、台湾の玉山やボルネオのキナバル山に次々と登り、やっと観光旅行ができるようにな

スワットのローカルミュージシャン
踊り子は男性でした

った中国のシルクロードへも旅をしました。

中国人の旅人と、フルートと彼の笛で競演をしたり、結婚式に飛び入りで参加したり、現地の人々との交流を楽しみ、持てるだけの楽器を抱えて帰ってきました。

わたしは何が何やら分からなくなりました。今までは、エレクトーンを上手に弾くことと か、生徒が良い演奏をしてコンクールで上位の成績をとることなどが生きがいでした。けれども旅先で、それとはまったく違う音楽があり、価値観がありました。

一人で自由に旅をしてみたい、そういう気持ちが強くなりました。行くところまで行かないと止まれなかったのかもしれません。

わたしは一年ほど英語を習い、一人旅の予

行もかねて「世界一美しい谷」と呼ばれるネパールのランタン・トレッキングに出かけました。カトマンドゥでは、前回のエベレスト・トレッキングの時と同じ菅原さんの経営するペンションを予約し、シェルパを雇って十六日間も歩きました。チベットとの国境に近いランシサカルカに行ったり、五千メートルあまりある雪のゴサインクンドの峠を越えたりしました。

山歩きは快適で、わたしはすっかり現地に順応して、シェルパと同じダルバート（野菜と豆のカレーかけご飯）を食べてお代わりをしていたほどでした。

日本に戻った翌日は、ヤマハの主任との覚書交換のための面談の日でした。

わたしは考えることがあるから仕事を辞めさせてほしい、しばらく旅をさせて欲しいと頼みました。主任はわたしの姿を見ると、ウッと小さく叫んで椅子から立ち上がり、三歩くらいよろめいて後ろの黒板のあたりでやっと止まりました。

わたしの顔は、日焼けのために皮が半分くらいビロッとむけていて、髪の毛は灰色でバサバサ、手はおばあさんのようにシワシワになっていました。そして体中南京虫に食われていました。

主任はあきれたような顔で言いました。

「市原先生、一年間休みにしますから、インドでもどこへでも行ってきてください。その代わり、一年たったら必ず戻ってくださいよ」

わたしは大喜びで、旅の支度にとりかかりました。

中国・シルクロードの旅。結婚式に出会いました

第二章

アンデス・トレッキングでご一緒した山里先生のマネをして、サインペンと小さな水彩絵の具のセットを持参、こんな絵を描きながら旅をしていたこともありました
(ランタン・リルン　6283メートル)

インドへ

一九八二年五月、永年勤続十年で表彰された後、ヤマハ音楽教室の仕事は一年間の休職期間に入った。自宅の教室に三十人ほどの生徒さんがいたが、以前わたしの生徒だった二人の先生に、週一回ずつ教えにきてもらうことにした。

出発は自宅教室の発表会を終えてからの六月末と決めて、関さんの友人で小さな旅行会社を経営する斉田さんに、デリー往復のオープンチケットを頼んだ。

「一人でインドに行くの？　よせよ〜、汚いぞ、肝炎になるぞ。肝炎にだけはなるなよ、シンドイからなあ」、ヨーロッパやアジアを長く旅した彼も、肝炎経験者だった。

「まあいいさ、何かあったら電報を打てよ。すぐに助けに行ってやるからな」

その一言は旅の力強い支えになった。ありがたかった。

音楽教室の後輩や友人たちも心配して、お守りや千人針（のようなもの？）をプレゼントしてくれた。

ワラシーノスの仲間は壮行会を開いてくれたが、その席上、持っていくものをチェックされ、「インドの子どもにオハジキをあげようと思って」と言って彼らをあきれさせた。

三十三歳のわたしは、ヒンディ語を二カ月だけ新宿の朝日カルチャーセンターまで習いに行き、六月二十五日、予定通り大きなザックを背負って日本を出た。

ニューデリーで一泊だけ予約してあったオベロイ・インターコンチネンタル・ホテルは、大理石の床でエアコンもショッピングセンターもある最高級ホテルだった。インドで、熱いお湯がたっぷり使えるというのはどんなにすごいことか、空気を冷やしてしまうなんてどんなに贅沢なことか、そのときは考えもしなかった。

翌朝、食事を済ませて外に出てみる。モンスーン前のインドは、ものすごい暑さだった。五十度くらいあったかもしれない。ドライヤーのような熱風が吹きつけ、火傷しそうだった。こんな暑さの中で旅ができるだろうか。

その上、タクシーの運ちゃんはメーターをごまかすし、物乞いは後を追いかけてくる。目つきの鋭い男たちが、じろじろと私の体を眺めまわす。とてもじゃないけど、貧乏旅行なんてできそうもないと思った。

一日遅れて、ラダックツアーの人たちがホテルに到着した。わたしは、そのツアーの中身だけ買ってあって、いっしょにラダックのヘミスのお祭りに行って、みんなが帰ってから一人旅をしようと思ったのだが、この考えは中途半端だった。わたしはツアーに百パーセント溶け込めず、かといって仲間と別れて汚いホテルに泊るのも嫌だった。

ラダックの旅を終えて、空港で日本に帰るみんなを見送ると、カトマンドゥ行きのチケットを購入した。

カトマンドゥでの日々

ヒマラヤが見えてきた。わたしは涙が出るくらいうれしかった。デリーを出たロイヤル・ネパール機は徐々に高度を下げていた。やっぱり来てよかった。わたしは小さな窓に顔をくっつけるようにして、白い山々との再会を喜んだ。

勝手知ったるカトマンドゥは、標高が千メートルを超えているから、インド平原の暑さもここまではやってこない。人々の目はやさしく、サリーやトピー（布製のネパール帽）も妙に田舎っぽい。故郷に帰ったような気がした。

ディリ・バザールの宿に落ち着いて、近くを散歩していたら、じきに菅原麗子さんの新しい住まいを見つけてしまった。わたしは前々回のエベレスト・トレッキングも、前回のランタン・トレッキングも、彼女の経営する「コテージ・オーロラ」というペンションに泊ったのだ。

彼女のことを詳しくは書かないが、早稲田の露文科を出たインテリで、モスクワ大学留学中に、建築を学びに来ていたネパール人男性と結ばれた。古くからカトマンドゥでペンションを経営していたが、ご主人とは離婚して日本に戻ったと聞いていた。

彼女は、離婚の後始末と、まだ国籍をとれない娘の美地ちゃんの養育のため、再びこの辺りに大きな一軒家を借りて住み始めたとのことだった。生活費のこともあるし、以前のお得意さんとか知り合いの方には部屋を貸すつもりだというので、わたしは翌日、レイコハウスの二人目の客として彼女の家に移った。

ホテルではないから、プライバシーを完全に守るという訳にはいかないけれど、清潔なベッドを借りられたし、居間には旧式の足踏みオルガン、クラシックのレコード、日本の文庫本がたくさん並んでいる書棚などがあり、わたしは日本にいる時より読書量が増えたくらいだった。

また学者、画家、写真家などの文化人、ＪＩＣＡや宗教関係などの援助、指導に来られた方々、医療関係者、登山家など様々な方が訪ねてこられた。テレビも何もない夜、そういう方々といろいろな話しをするのは、日本にいたのではなかなかできない貴重な体験だったと思う。

シタールのお稽古

カトマンドゥは小さな街だし、もう三度目だからとりたてて珍しい物もなかった。モンスーンの今は山に行くこともできない。わたしはシタールを少しでもいいから習って帰ろうと思った。

菅原さんが紹介してくれたのは、近藤亨さんのお宅の裏に住んでいる、コイララさんという女性だった。

近藤さんには前回お会いしていたが、ＪＩＣＡで農業指導のためにこられていて、菅原さんの良き理解者であり、マージャン仲間でもあった。独特の歌舞伎調の話し方で、「やあやあ市原さん、お久しぶりですなあ」とおっしゃった。

「コイララさんも淋しく暮らしていますから喜ぶでしょう。市原さん、毎日うちでご飯を食べていきなさい。よかったら、うちに泊まってお稽古に通いなされ」と言ってくださったが、そこまでは甘えられない。

わたしは土曜日を除く週六日、一時間二十五ルピーという約束で個人レッスンに通うことになった。ネパール人の日給は十〜二十ルピーだから、かなり高額な謝礼ということになる。シタールはニューロードの楽器店で、千七百ルピーで購入した。

コイララさんの家は、ビシャルナガールという中国大使館の裏手の高級住宅地にあった。レッスンが終わると、時々レンガの塀の崩れたところを乗り越えて、近藤さんのお宅に伺った。

近藤さんは、美人サーバントのサンタや使用人たち、ヤギやウサギ、犬などを従えて立派なお屋敷に住んでいた。彼にかかると、英語もネパール語も歌舞伎調になった。

「サンタや、チトチト（急いでという意味のネパール語）」「イッツ　ベリー　ラムロ（おいしいというネパール語）テイスト」などとおっしゃる。それでけっこう通じてしまうところがおかしい。

民族楽器シタール（右）とタブラ（左）
ネパールで一応シタールの稽古には通いました

サンタは踊りの名手で、いつもきれいな日本製のナイロン・サリーをまとっていて、天女が舞い降りたかのようだった。あまりにも美しいので、前の雇い主の奥さんに憎まれて、追い出されて困っていたところを近藤さんに拾われたという。

彼女は、味噌汁やカボチャの煮つけなどの日本食もじょうずに作ってくれた。わたしは採れたてのキウリやイチゴなどをご馳走になり、時にはお土産までいただいてレイコハウスに戻るのだった。

シタールの先生、コイララさんは二十三歳で素敵な女性だったが、すでに未亡人だった。若くして名門の家に嫁ぐが、ご主人は猟銃の暴発事故で亡くなってしまう。自殺なのか偶然の事故なのかわからないそうだ。

未亡人は再婚や恋愛をしてはいけないネパールで、彼女はシタールを弾いたり、生徒に教えたりして生計を立て、忘れ形見の四歳の女の子や妹たちと暮らしていた。

インド音楽には、サリガマパダニサという西洋音楽のドレミファソラシドにあたる音階がある。特別に教則本があるわけでもなかったので、口移しで指のトレーニングをした。先生はきれいな英語を話されたから会話には困らなかったが、パパニ、サガダマなどと言われると、頭の中がコチャコチャになった。

それにスチールの弦を人差し指と中指で押さえるから、じきにマメができて皮が破れた。先生の指先は、深くえぐれて指紋が見えないほどだった。

一週間くらいしたら、「インドの古典音楽を教えてあげましょう」と言ってくださった。『ラーガ・ヤーマン』という曲で、すぐに弾けるようになったので、タブラという太鼓の名手でもある菅原さんに「一曲弾けるようになりました」と言って、笑われてしまった。

わたしはテーマを弾けるようになっただけで、そのテーマを即興で何度も変奏して、最後にもう一度テーマをアップテンポで再現して、シャバダバダ～ンという魅力的なアルペジオで終わる。長い時には、タブラとの掛け合いで、何時間も演奏が続くという。

インド音楽はラーガという旋法でできていて、それは演奏する季節や時間、感情（神への愛、悲しみ、喜びなど）によって、即興演奏に使う音が変化するというすごい音楽だった。演奏技術はもちろん、即興能力が必要だし、インド哲学も理解しなければならないようだった。

シタールのお稽古は、一カ月あまりであっけなく終わった。先生が長い演奏旅行に行ってしまったからである。

大事に持ち帰ったシタールは、家の中を持ち歩いている時にタンスの角にぶつけて、ヒョウタンでできている胴の部分にヒビが入ってしまった。

近藤さんは、その後秘境ムスタンに近いジョムソンという村に移り住んで、村人にリンゴの剪定を教えたり、私財を投じて学校や橋を作ったりして、吉川英治賞を受賞されている。

十年後、ジョムソンに彼を訪ねたら、やはり美しいサンタの妹をアシスタントとして使って暮らしていた。サンタはその後王族と結婚して幸せに暮らしているという、夢のようなシンデレラ・ストーリーも聞いた。

シタールは物にならなかったけれど、ネパールでお稽古に通っているというだけでうれしくて、パンジャビドレスのストールを風になびかせてビシャルナガールに通った日々は、忘れられない思い出である。

チトワンの農場へ

レイコハウスの三人目のお客は、名古屋大学助教授の立川武蔵先生だった。東洋哲学の偉い先生よ、と菅原さんが教えてくれたが、大きな目をした、とても世話好きな親しみやすい方だった。今回はネパールに住むチベット人の調査と、民族学博物館の展示物の買い付けのため、夏休みいっぱい滞在することになっていた。

その助手であるゆかりさんは、私より少し年下だったが、タメルにあるチベット人の家に下宿して、そこからレイコハウスにチョコチョコやってきた。わたしたちはすぐに、十年来の友人のように親しくなった。

自称学問一筋という、彼女の話はおもしろかった。インドに調査に行って、泥棒部落に泊った話、生活費を切り詰めすぎて、栄養失調で失明寸前に陥った話などに、わたしたちは笑いころげた。

「まったく、彼女はムチャをするからです」、立川先生は大きな目をクルクルさせて、ため息をついた。

近くのペンションに滞在している、和枝さんともすぐに親しくなった。二歳年下の彼女は、JICAで既製服の指導のためにきているデザイナーだった。感受性の強い彼女と話をするのも楽

村のこどもたちと

しかった。

チトワンのブバンバスティ・ファームという農場で働いている、わたしと同年代の佐藤さんと寺田さんの二人の男性や、東京農大を出てから一年以上も彼らの農場で働いている石森君も、入れ替わり立ち代わりレイコハウスにやってきた。

佐藤さんはキリスト教関係、寺田さんは仏教関係の団体から派遣されてきていて、近くの山田綾子さんの家の二階を、事務所に借りていた。

インドの国境近くにある農場は、十年前まではトラやサイが住むジャングルだったそうだ。そこを切り開いて田んぼや畑にしたので、まだ川にはワニがいて、メクラ蛇や白黒蛇などの毒蛇やサソリがひそんでいるという。

佐藤さんがぜひ遊びにくるように誘ってくれた。立川先生は、危険行為だと目をクルクルさせて心配されていたが、バスを何度も乗り継いで、チトワンの農場に遊びに行った。

広い農場には、レンガの小屋がいくつも建っていて、水車が回り、牛や山羊、ホロホロ鳥や孔雀などが飼われていた。孔雀は蛇を食べるから、大切な鳥なのだそうだ。

ちょうど石森君の後輩で、実習生の洋子さんが友人二人と滞在していた。

洋子さんは、それからコテンのクリシェナさんの農場に一カ月ほど実習に行くのだが、山道を一人で歩くのは危険だ。だれかボディガードとしてついてきてくれないだろうか、そんな話をしていた。

山道にはヒルがいるかもしれないし、カトマンドゥにじっとしているだけでもけっこう暑いのだ。だれも首を縦にふらなかったが、わたしは彼女の次の一言でいっしょに行くことにしてしまった。

「コテンって、山がきれいなんですよ。前に行ったとき、白いヒマラヤが百八十度見えたんですよ」

その晩はにぎやかだった。トタンで仕切られたシャワー室で、井戸水を浴びてシャンプーをすませると、おもてで食事が始まった。

大きな古い車輪を利用したテーブルには、コックのおじさん自慢のタルカリ（野菜のカレー煮）とダール（レンズ豆のスープ）と山盛りのご飯が、金属のお皿に盛られていた。

月が出てくると、村のあちこちから笛の音が聞こえてきた。タルー族が多いこの村では、「歌垣」という集団見合いのようなものもまだ行われているらしかった。

寺田さんがオカリナを持ってきて演奏すると、わたしも負けじとフルートを吹き、みんなで歌をうたった。

天国に一番近い所

数日後、洋子さんとわたしは、ハアハア息をきらせながら、コテンへの山道を登った。カトマンドゥを発ったのは朝早かったのに、バスがラミダラのバス停に着いたとき、日はもう高かった。

容赦なく照りつける日にあぶられ、畑を耕す人に「コテン　ザーネ（コテンはこっちですか？）」と大声でたずねながら、三時間半もかかってようやくたどり着いた。

タマン・クリシェナさんの家は、コテンの村の一番はずれの丘の上にあった。自分で建てたと

タマンさんの家の前でご夫妻と

いう家は、レンガ造りの三階建てで、庭の隅では水牛がのんびりと寝そべり、門のブーゲンビリアの花が美しかった。

クリシェナさんの奥さんは日本人である。彼女は、農業を学ぶために日本にやってきたクリシェナさんと恋をする。そして、双子も入れて四人の男の子の新しい母として、この村に嫁いできたのだった。日焼けした健康そうな顔、かん高い声で話す彼女は、すっかりタマン族の村に溶け込んでいるように見えた。

洋子さんとわたしは、三階の客間をお借りした。客間といっても、ワラのベッドがひとつと、小さなテーブルのほかは何もなかった。

それから何日か、草刈りや草むしり、段々畑の開墾、芋を植える作業などを洋子さんといっしょに手伝った。彼女は実習生だから当然だけれど、わたしは何もしなくてよいのである。でも、誰一人遊んでいる人がいないこの村で、ぶらぶらしてはいられない。

汗をポタポタ落としての農作業は辛くて、日本で何もしたことのないわたしは、すぐに嫌になってしまった。手はマメだらけになり、蚊やブヨに刺されて、足は見るも無残な姿になった。うさぎ跳びのあとのように、足腰が痛かった。

「本当に、ここは天国に一番近い所だと思いますね。空気もきれいだし、水もおいしい。冬になると、ヒマラヤがとても美しいんですよ。わたしはここにきたことを、まったく後悔していません。そりゃあ、物は何もありませんけどね。日本も開発ばかりしていないで、本物の自然を大切にしないといけませんね」

奥さんはそんな事を話しながら、てきぱきと食事の支度をしてくれる。奥さんの作ってくれる料理は、かぼちゃの新芽のカレー、とれたてのピーマンの炒め物などで、とてもおいしかった。

わたしたちは、よく働いていつもお腹をすかせていたから、おいしい料理をガツガツと口に運んだ、と言いたいところだが、ひっきりなしに襲ってくるハエを左手で追いながら、ハエがいなくなったすきに、さっと右手で食べ物を口に入れる。手つかずの自然の中で暮らすのも、なかなか大変だと思った。

ついでに、トイレに行くたびにお尻を蚊に刺されて、こちらも大変だった。

ネパールではモンスーンといっても、日本の梅雨のようにじとじと降るわけではない。一時間くらいザーッと降ったかと思うと、すぐに晴れ上がって暑い日が照りつけた。

雨が降り始めると農作業は中止だ。みなそれぞれの部屋に帰っていく。わたしたちは三階の部屋で、何もすることがなかった。

雷が鳴りだした。ピンクの稲妻がきらめくと、しばらくして大音響が谷間にとどろいた。なんてすごい音なんだろう。それは、どんな交響曲よりも凄いもののように、わたしには感じられた。わたしは窓辺にすわって、飽くことがなかった。

雨があがる。小鳥がさえずり出し、どこからともなく太鼓のような音（ガンガラでも叩いているのだろう）や、歌声が聞こえてきた。段々畑はいっそう緑が濃くなり、トウモロコシの葉はキラキラ輝いていた。

タマン族の女たちの、かん高い話し声が聞こえてきた。連れだって畑に急いでいるのだろう。赤や紫の民族服が、緑の畑の中でチラチラ見え隠れしていた。

雨あがりに、大きな虹が二つも三つも、谷間にかかることがあった。いつもは雲に隠れているヒマラヤが姿を見せてくれることもあった。ガネッシュ、ランタン、そしてエベレスト山群など。

ああ、地球って何て美しいんだろう。本当にここは、天国に一番近い所だ。

わたしが時々窓辺で吹いていたフルートを、クリシェナさんも奥さんもとても気に入ってくれた。帰るまでに、みんなに聞かせてやって欲しい、というわけで、ある晩コンサートをした。居候のお礼というところだ。

夕食後、一階の居間に聴衆が集まってきた。ろうそくの灯りの中、いつもの椅子にクリシェナさんご夫妻、そして洋子さんが暖炉のわきの椅子にすわった。十六歳を頭に、四人の男の子と長男の嫁は、長椅子に肩をくっつけ合って腰かけていた。

戸口のあたりには、近所の人が数人、戸に寄りかかったり、しゃがんだりして待っていた。

こちらでは笛のことをバンスリというが、彼らにとって竹や木でないバンスリは初めて見るものらしかった。みな、わたしのブリキ管のようなフルートを、食い入るように見つめていた。

わたしは思いつく限り、いろんな曲を吹いた。クリシェナさん夫婦は、しっとりした日本の曲に涙を流さんばかりに感動してくれた。テンポの速い曲になると、それぞれが体でリズムをとりながら、喜んで聴いてくれた。

「市原さん、ここが気に入ったのなら、ずっと居てもいいのよ」

奥さんはそう言ってくれたが、いつまでも迷惑をかけてはいられなかった。洋子さんはまだ実習が残っていたが、わたしは一足先にカトマンドゥに戻ることにした。

「きたくなったら、いつでもいらっしゃい。そうだ、うちの次男坊の嫁になったらどう?」と奥さんは笑っていたが、次男坊は確か十五歳で双子だった。

再びインドへ

コテンから戻ったわたしは、ベナレスへ行くことにした。カトマンドゥからベナレスへは、ほんの一時間のフライトだ。

立川先生と菅原さんには、「本場のシタールを聴いてきたいんです。向こうではエアコンつきの高級ホテルに泊りますし、一週間もしたら戻りますから」と約束して、身の回りの物だけ持って出発した。

ベナレスはおもしろかった。シタールの演奏は一度聴いただけだったが、安ホテルの屋上から、ガンジス川の流れを毎日見て過ごした。褐色に濁った川には、時々死体が流れてきた。

ベナレス郊外のサールナートにも足をのばし、お釈迦様が初めて説教をしたという村の小さな小学校でフルートを吹いた。散歩していて急に雨に降られ、雨宿りのために飛び込んだのがその小学校だったからである。

ベナレスから、さらに飛行機で一時間南下したカジュラホでは、仏塔にびっしり刻まれた彫刻

レイコハウスで。結婚式のおよばれでサリーを着ました

に、口もきけないくらい感動した。インドのスケールの大きさに圧倒されたわたしは、もう一度インドを旅するために、ひとまずネパールに戻ることにした。

インドに行くには、いくつかルートが考えられた。わたしはスリランカにとんで、インドの南端から列車を乗り継いでネパールに帰ろうと計画した。

一週間の予定が二週間になったわたしを、レイコハウスの人たちは暖かく迎えてくれた。

翌日、「あなた方は、何をするかわからんですからねえ。僕は心配で論文が何も書けませんでしたよ」そんな言葉を残して、立川先生は日本に帰って行った。チベット人の偉いお坊さんの家に連れて行ってもらったり、貴重なアドバイスもたくさんいただいた。

「日本で必ず会いましょうね」、ゆかりさんも何日か遅れて日本に戻った。

新しい出会いもあった。ネパールの川に岩魚を放流したいという根深さんや、インドヒマラヤの遠征を終えて、下田さんがお客としてやってきた。

下田さんはわたしより少し若かったが、のんびりとした口調で話すおおらかな人だった。

「俺さあ、コンピューターの仕事やってたんだけど、この仕事あわないんだよ。だから、遠征に参加する前に会社を辞めちゃったんだ。何かやりたいんだけど、それが見つからなくてさ」

わたしたちは山登りが好きなこともあって、すぐに親しくなった。そして、十月のダサインの祭りまでには帰るから、いっしょにトレッキングに行きましょう、と約束した。彼は一人で、別のコースのトレッキングに出かけていった。

クマリ（処女神様）の祭りがあったり、近藤さんや根深さんとハンセン病の病院を訪ねたり、結婚式に出席したり、それなりに忙しい生活の合間をぬって旅の準備をした。

わたしはアッサムの毛糸屋さんで、中国製の毛糸を手に入れた。セーターを持っていなかったので、一人旅の退屈しのぎに自分で編もうと思ったのだ。青と茶とベージュと赤の四色を一かせずつと編み針を買い、型紙は適当に作った。

荷物をとりに戻ったつもりが、十日もいてしまった。わたしは大きなザックに、毛糸の玉が入ったビニール袋を提げて、スリランカに旅立った。

スリランカは、ネパールに比べると文句なしの文明国だった。わたしはコロンボ郊外のネゴンボという海岸の村で、海の幸や潮の香りを満喫し、コロンボから三時間ほど列車に乗って、高原の街キャンディを観光、キャンディダンスを楽しんだ。

スリランカには八日間滞在しただけで、お隣のモルディブに移った。

南の島でセーターを

今ではインド洋の楽園と言われてポピュラーな観光地になっているけれど、当時のわたしはモルディブという国があることすら知らなかった。だからモルディブに着いて、空港の職員さんに、「マレへはタクシーで行くんですか?」と聞いて、不思議そうな顔をされてしまった。首都マレへは船で行く。

モルディブは何百という小さな島が集まった共和国だから、マレは首都の島であり、空港は空港の島にある。そのほかに、観光客用のリゾートがあるツーリスト・アイランド、一般の人が暮らすビレッジ・アイランドとはっきり分かれていて、もちろん無人島もある。

わたしはその中で一番美しいと言われている、グリというビレッジ・アイランドに行くことにした。

グリは、歩いても十五分か二十分で一周できてしまう、サンゴ礁のまっ白な島。島の中央には、イスラム教の寺院と小さな学校があり、あとはヤシの林の中に、ヤシの葉で屋根をふいたかわいい家が点在しているだけだった。

わたしが滞在した民宿には、十五歳くらいの長男のムスターファ、おしゃまなソーマとニーマの姉妹など五人の子どもがいた。父ちゃんは毎日漁に出て、カツオなどの大きな魚を釣ってきた。母ちゃんがそれを使っておいしい料理を作ってくれる。魚のカレー、魚のスープ、魚のから揚げ、お菓子にまで魚が入っていた。

島には、良い海岸と悪い海岸がある。悪い海岸は島の人のトイレになっていた。

彼らは朝トイレをすますと、砂を指ですくって歯を磨く。そのせいか、みんなまっ白い歯をしていた。

わたしは朝食をとると、良い海岸へ出かけて泳ぎの練習をしたり、砂浜でお昼寝をした。サンゴ礁の海には、気持ちが悪くなるくらい、色とりどりの魚が泳いでいた。

お昼の用意ができると、ソーマとニーマが呼びにくる。「ユー　ミート（ご飯だよ）」「カムカム（おいで！）」

わたしも、「バラーバル（おいしい）とか「ニムニ（もういらない）」などのモルディブ語を覚えたから、すぐに意志が通じるようになった。

午後になると、編みかけのセーターと毛糸をもって広場に行った。広場には大きな木があって、その木陰にいくつか椅子のような物が置かれている。島の女たちは、賑やかにおしゃべりをしながら、それぞれの仕事に忙しい。大きなザルで米をより分けたり、木の実を叩いて割ったり、子どもを寝かしつけたりしていた。

わたしもその椅子のひとつに腰を掛け、編み物を始めた。四色の毛糸を縞模様にした単純な柄のセーターだが、だんだん形になってきていた。近くにいる女たちが寄ってきた。「それは何だ?」と言っているようだったが、わたしがいくらセーターを体に合わせて説明しても分からなかった。

そこへ長男のムスターファがやってきた。島の若い男たちは、眉を剃って描いているので、T

シャツに腰巻きのような布を巻き付けている彼は、芝居の女形のような風情だ。彼は、自分の家の客が自慢なのか、「これはスエッタルというものだ」と偉そうに説明していた。（この辺では、Rをルとはっきり発音する）

説明がすむと、彼はわたしの隣の椅子に腰をおろして、ずっと毛糸の玉を大事そうに持って、四色の毛糸がもつれないようにしていてくれた。

次の日になると、スエッタルを編まないか、とムスターファに催促されて、広場で島の女たちとムスターファの監視つきで編み物をするようになってしまった。物珍しさに飽きてくると、女たちは、ムスターファに編んであげるのだろう、とわたしをからかい始めた。

冗談じゃない、これはわたしのよ、といくら言っても、彼女たちはからかうのをやめなかった。そして、島を出る時はそれを着ていくように、と約束させられてしまった。

夕食後、ソーマとニーマが「ユー　ダンス（踊りに行こう）」と呼びにきた。

二人に連れられて、一軒の家に入る。ランプの暗さに慣れると、子どもたちがたくさん集まって、歌い踊っているのが見えた。昼間、貝をける石けりのような遊びとか、木の棒で木の実を打つ野球のようなゲームをしていっしょに遊んでいたから、みんな顔見知りだ。

多分祭りの練習か何かだろう。男の子たちが両面の太鼓とカネを使って、独特の粘っこいリズムを叩き出し、女の子たちが四人、体をじょうずにくねらせて踊っていた。

毎晩子どもたちは歌と踊りの稽古

ここは海のシルクロードだ。踊りはアフリカとポリネシアなどのものがミックスされているだろうことは、すぐに想像できた。

子どもたちにひっぱり出され、わたしも踊りの輪に入るが、いくらやっても真似ができない。踊りよりも楽器の方がよい。そう思ってカネのリズムを教えてもらったのだが、これも独特のノリがあって、とうとうできなかった。

次の日も、その次の日も、「ユー　ダンス」とお誘いがきて、踊りにでかけた。彼らの目はキラキラしていて、心から音楽を楽しんでいるのがよく分かった。日本の子どもたちは、あんなにいきいきと音楽を楽しんでいるだろうか。

別れはあわただしくやって来た。パブリック・ホリディに入ると、しばらくマレへの船は出ないという。

わたしはもう泳ぎに行く暇がなかった。約束のセーターを、今日中に編み上げなくてはならない。夕方まで、広場の椅子で編み針を動かした。暗くなると、家の前の椅子でせっせと編み物をした。ムスターファが、石油ランプを持ってきて手元を照らしてくれる。

やっとできた。でもあとは縫い付けないといけない。彼の父ちゃんが、網を修繕するときに使う太い針を持ってきた。それでズブズブと袖を見ごろに縫い付ける。何とかセーターができあがった。

翌朝、わたしはそのセーターを着て、小さな船に乗った。サウナに入ったように暑かった。島の人たちが見送ってくれた。

白い帆かけ船は、途中で魚を釣り上げながら、サンゴ礁の海をすべるように進んでいく。夢のような島はどんどん小さくなって、やがて絵本でよく見かけるヤシの島とそっくりの形になった。

グリにいたころ、島に初めて電気がついた。子どもたちは、いつまであの踊りを続けるだろうか。わたしは、日本で待っている生徒さんたちを思い出していた。

コモリン岬から

残った毛糸と編み針は、グリで長女のムスリマにあげてしまったので、荷物は大きなザック一つだけになった。
ザックの中身は、寝袋、傘、ザックカバー、水着、小さな魔法瓶、シャンプー、石鹸、洗剤、ザイル一本、ゴムゾウリ、小さな英和辞典、ヒンディ語のテキスト、水彩絵の具、フルートと曲集一冊、化粧品、薬、カメラとフィルム、トイレットペーパー、タオル、カシミヤのショール、スカーフ、編み上がったセーター…これが持っている物のすべてだった。

そそっかしいわたしは、各地に帽子や洗濯物を忘れてしまい、とうとうTシャツ一枚、スリップ一枚、ブラジャー一枚だけで旅をしたものだった。

インドの旅に物はいらない。ヨーロッパからアジアまで長く旅をした友人の言葉を借りれば、「物が半分になると、楽しみは二倍になります」ということになる。

モルディブからは、南インドのトリバンドラムにとんだ。

一口にインドといっても、南と北では全く違っていて、こちらでは英語を話す人が多いし、人々の顔もおっとりしている。公園ではリスが遊び、コップからコップへシューッと線を描きながらコーヒーを移す、名人芸のコーヒー屋さんも楽しい。

トリバンドラムのホテルに大きな荷物を預けて、インドの最南端コモリン岬に一泊の小旅行をした。列車の旅はおもしろかった。車内に、物乞いとかピーナツやチャイ（ミルク・ティー）を売る人、ずっと逆立ちをしている芸人とか次々とやってくる。

カニャークマリの駅に着くと、ホテルは満員で軒並み断られた。その日は十月二日、ガンジーの生誕記念日で、しかも土曜日だったかららしい。やっと海に近い安ホテルに落ち着いてほっとした。

岬にはクマリのお寺があって、浅草の仲見世のようなお土産物屋が並び、参詣客でごった返していた。

お寺の裏手の海では、人々が沐浴していた。ベナレスもそうだったけれど、インド人は水が合流するところで沐浴をする。コモリン岬はインド洋とアラビア海とベンガル湾の三つが合流し、日の出と日の入りが見られるインドで唯一の場所であり、ガンジーの遺灰を流した所でもある。

岬の灯台に登ってみた。息を切らせて上まで登ると、海の反対側に低い山並みがずっと続いていた。山並みは、はるかなヒマラヤまで続いているような気がして、これからネパールに向かって旅をするつもりのわたしは、思わず涙ぐんだ。

カタカリを見る

次に向かったコーチンは、インドで最も好きな町のひとつである。ポルトガルの植民地だったせいか街並みがきれいで、学生が多くて明るく文化的だった。

エルナクラム（コーチン）の駅に着くと、「カタカリを見ないか」という客引きにつかまり、劇場に近いバラット・ツーリストホームという国民宿舎のような宿に連れてこられた。三十ルピーにしてはまあまあで、屋上からは海がよく見えた。

カタカリダンスの男役

カタカリはケララ州が中心の踊りで、目や手の微妙な動きは日本の歌舞伎とよく似ているとされている。メーキャップ風景を見せてくれるというので、二時ごろ劇場に出かけた。

楽屋には男性が二人いて、一人が顔に絵の具を塗りつけていた。裸電球で、たくさんの衣装やスーツケースな

カタカリダンス楽屋でのメーキャップ風景

どが乱雑に置かれていて、なかなか雰囲気がある。もう一人は女形の役者さんで、コーヒーを飲みに行こう、と誘ってくれた。

すぐ前のレストランに入ると、彼はじょうずな英語で、今日のカタカリのストーリーなどについて話してくれた。目がとても色っぽくて、わたしは聞きながらドキドキしてしまった。

夕方もう一度楽屋に行くと、男役の方はすっかりお面のような顔ができ上がっていて、女形の方もお化粧して紅をさしていたから、ウットリするほどきれいになっていた。

公演が始まると、若い女性が英語で解説してくれる。太鼓が入って音楽が始まった。北インドの物憂いシタールの音とはまったく違って、スリランカに似たドラビダ文化のものだった。

派手な衣装をつけた二人が踊り始める。女形が時々わたしに目くばせをしてくれたりして、久々に華やいだ気分になった夜だった。

ボンベイへ

この街にもっと居たかったのだが、着いた時にボンベイ（ムンバイ）までの列車のチケットを買ってあった。ダサインまでにカトマンドゥに戻りたかったから。

わたしが乗ったのは、エアコン付きの一等の寝台車だったが、これは列車にたった一両しか付いていなくて、あとは二等の普通車と寝台車である。特に一等に乗りたいわけではなかったのだが、二等寝台は一週間先まで予約がいっぱいだった。少しもったいないが、それでも飛行機の半額くらいの料金で行ける。

四十時間の列車の旅は疲れた。クーラーが効きすぎていて、時々ホームに降りて体を温めなければならないほどだった。買ってきたソックスを履いたり、ショールを巻いたりして自衛したが、思いがけず寝袋が役に立った。

ほかの車両は暑くて、物乞いや物売りが来るハチャメチャな世界だが、一等車に限ってインドではないようだった。流暢な英語が飛びかって、人々は優雅に列車の旅を楽しんでいた。

隣の青年実業家らしい男性は、枕、フトン、パジャマまで持参で、一日に何度も着替えをしていた。

だれも日本人貧乏旅行者のわたしに声をかけてくれなかった。近くにいたウダイプールに帰るというご夫婦とだけ話をしたが、多分カーストが違うのだろう、彼らと誰も話さなかった。パンジャビドレスをおしゃれに着こなすお金持ちの女の人たちとは違って、少し具合の悪そうな奥さんは、ピンクのサリーを着ていて英語を話さない。インドで英語を話さないということは、ハイスクールを出ていないということである。

見渡す限りのひまわり畑、果てしない平原、景色は次々に変わっていく。次第に人の顔もサリーの色も、文字や言葉も変わった。インドの旅は辛いけれどおもしろい。

ボンベイには夜中に着いた。駅にはたくさんのタクシーが客待ちしていたが、値段を聞くと、「夜は高いよ」と言われた。ホテルもどうせ閉まっていると思い、わたしは駅の構内で寝起きしている人々の間に座り込んだ。インドには家がなくて、駅で生活している人がたくさんいる。夜が明けるまで、そういう人たちの中で休んでいた。もう何の怖さも感じなかった。

ボンベイは大都会だった。夜行疲れのフラフラする体でエレファンタ島の観光をすませたわたしは、中華料理店で一人の日本人女性と知り合った。お名前を控えていないが、日本人学校の教師の任務を終えたばかりだという同年代の彼女と、夢中でおしゃべりをした。一月ぶりの日本語がうれしかったが、舌がもつれてしまい、うまくしゃべれなかった。

彼女とは大英博物館に行ったり、ホテルでお茶を飲んだり、四日間のシティライフを楽しんだ。

アウランガバードにて

アウランガバードまでは夜行バスにした。

バスステーションに着くと、わたしが乗るはずのデラックス・バスは、お客が少なかったのかキャンセルになってしまっていた。困っていたら、髭を生やしたおまわりさんが、「わたしもアウランガバードまで行きます。ローカルバスに振り替えてくれますから、いっしょに行きましょう」と言ってくれた。

バスは二人がけの固い椅子で、背もたれが低く、ひじ掛けもなくて実に座りにくい。わたしがおまわりさんの隣に座ったら、車掌に呼ばれてしまった。男女は夫婦や親子でもない限り、隣に座ってはいけないらしい。

座るように言われた席の隣の女性は、果物の入ったバスケットを持って、シルクの美しいサリーを着ていた。人にかしずかれる事しか知らない彼女は、黙ってわたしの足を持ち上げてどかすと、その場所に自分の足を置いたのである。わたしはあきれて、物も言えなかった。

バスが走り出した。わたしたちの席の窓は壊れていて閉まらなかったので、冷たい夜風がビュービュー入ってきた。初めはタオルで顔を覆ったりしていたが、とうとうバスの床に寝袋を敷いて寝ることにした。

そのうちに車の流れが止まってしまった。事故渋滞だったが、インド人は強気だから、スキあらば割り込もうとするし、割り込まれないようにクラクションを鳴らすは、どなりつけるは、そのすさまじい光景にわたしも興奮してしまった。

おかげで十時間もかかる実に大変なバスの旅だった。

アウランガバードのホテルでは、丸一日食欲もなくベッドの中にいた。こういう時一人旅はつらい。ボンベイで日本人女性にもらった文庫本も頭に入らなかった。

「日本語話したいよう」「カトマンドゥに早く帰りたいよう」、ひとり言をつぶやきながら、ジュースをチビチビ飲んで時の過ぎるのを待った。

一日休んでいたら体調は良くなったが、がっくりと疲れがでたようだった。このホテルは、暑さで眠れないということがない代わりに、ノミがたくさんいてさんざん悩まされた。

わたしは、さっさと観光をすませてカトマンドゥに戻ろうと思った。列車で帰ると時間がかかるし、飛行機は高そうだった。インディアン・エアラインのオフィスでいろいろ調べていたら、カジュラホで一泊して乗り継ぎすると、百ドル以上安く行けることが分かって、うれしくなった。

定期観光のバスで、アジャンタの壁画とエローラの彫刻を見学した。山ほど感動をしたが、それ以上に暑さと砂埃がすごかった。

疲れで頭がボーッとしていたのかもしれない。レストランで出されたコップの水を、何も考えずに飲んでしまったような気がする。

ダサインの祭り

カトマンドゥに戻ったら、すっかり秋の風情だった。もう十月、田んぼは黄金色に色づき、周囲の山々が青空にくっきりと浮かび上がっていた。

「どうしてたの？　心配してたのよ」、菅原さんは、お客や知り合いの消息などを息つく暇もなくしゃべった。わたしは、おいしい日本茶とインスタントラーメンに大感激だった。

「市原さんが帰ってきたんですって？」と和枝さんもレイコハウスにやって来た。

翌日、三角のストールをおしゃれに巻きつけた彼女と、高級ホテル・ソルティーで食事をした。わたしはディナーをいただきながら、何度もトイレに立たなければならなかった。そして、便器の中にゼリーのような赤いものを見つけた。

和枝さんは、「それは普通じゃないわ。病院に行ってみたら？」という。下田さんとトレッキングに行こうと約束していたのだが、これで日本に帰らないといけないのか、わたしはがっかりしてしまった。

レイコハウスに戻ると、下田さんが居間で本を読んでいた。そのころお客は、わたしたち二人だけだった。彼は、「痔じゃないの?」と笑った。

その時は、わたしの目の錯覚ということでオチがついたが、下痢は止まらず、時々血のようなものが混じった。


まもなくダサインの祭りが始まった。祭りの間、銀行も商店も全部閉まり、サーバントは家に帰ってしまい、学校も休みになる。

だから十月のダサインから十一月のティハールにかけて、ネパール人は仕事をしないし、晴れ着を作ったりして一年間の稼ぎをほとんど使ってしまう。動物の生贄が捧げられ、男たちはロキシーという酒を飲んで博打に興じ、子どもたちはブランコや凧あげを楽しむ。

ダサインの最高潮の日、上田さんとわたしはレイコハウスのお客何人かと、パタンにあるネパール人の家にお呼ばれした。チャンやロキシーなどの酒がふるまわれ、ごちそうが大皿に盛られていた。彼の友だちも大勢集まってきて、みんなで陽気に盛り上がった。

そのうちに記念写真を撮ろうということになって、荷物を置いたまま外に出た。わたしたちははしゃぎながら、何枚もスナップを撮った。

わたしはバクタプール病院に勤める日本人の看護婦さんに便の検査を頼んであって、一足先に結果を聞きに戻らなくてはならなかった。タクシーを降りようとして、財布の中を見て青くなった。百ルピー札一枚を残して、何もなかった。たった一枚のお札は、名刺を入れるところに、半分に折って突っ込んであった。

ダサインで銀行が閉まる前に百ドル両替したから、まだ千五百ルピーは残っているはずだった。日本にいた時の百ドルとは重みが違う。インドでケチってきた大切なお金だ。これでは借金をして帰ることになるかもしれない。

翌日、わたしたちを招いてくれたネパール人は、友だちから集めたと思われるクシャクシャになった百ルピー札十枚を持ってきて、わたしと押し問答になった。

「今は貧乏だけど、日本に戻ればお金があるのよ。千ルピーはいらないわ」

「ぼくは、ネパールで日本人がいやな思いをするのは耐えられません。どうぞ受け取ってください」

菅原さんが間に入ってくれた。「それじゃあ、市原さんがあなたのお兄さんのお店で、このお金を全部使えばいいでしょう？」

土産物屋をしている彼のお兄さんから、仏像とタンカ（仏画）が届いた。ダサインの最中に、ちょっとではあっても、財布の入った荷物を置きっぱなしにしたわたしが一番悪い。カトマンドゥに戻って気がゆるんだのかもしれない。

カトマンドゥひとり暮らし

山田綾子さんから、部屋を貸してくれるというれしい申し出があった。しばらく日本に帰るから、猫のクロにエサをやって植木鉢の水やりをしてくれれば、お金はいらないというのだ。わたしは大喜びで引き受けた。

飛行機は混んでいて、チケットは十一月二十日ころまでとれなかったし、トレッキングに行けばお金はほとんどかからないけれど、レイコハウスは食事付き一日十ドルだったから。これで借金をしなくても何とかなりそうだ。

いつもさっそうとしている山田さんは、六十歳くらいの方だったが、ネパールの物産を輸出する仕事をされていた。彼女はレイコハウスから五分くらいの所に住んでいて、一階の広いダイニングを自分の事務所と住まいにして、外階段のある二階はチトワンの事務所に貸していた。

わたしは一階の奥のセミダブルのベッドがある、小さな部屋をお借りした。

家にはマリと呼ばれる庭作りのおじさんと、ドブ掃除のおじさんがパートで仕事にきた。お掃除のおばさんも時々きた。庭作りのおじさんは午前中にやってきて、野菜や草花の世話をしていく。そのころは、大根、カリフラワー、ゴボウ、ほうれん草、サラダ菜、ビーツ、パセリなどがとれた。一人では食べきれないほどだった。

バラ、マリーゴールド、都忘れ、千日紅、コスモスなども作ってあった。花屋がないので、プジャ（お祈り）に必要なポインセチアや菊は、近所の人がきて黙って持って行ってしまう。「あなたの物はわたしの物」というお国柄らしい。

朝起きると、水を作ることから仕事が始まった。カトマンドゥでは一日のうち二時間しか給水しないので、その水をコンクリートの貯水槽に溜めておく。それをモーターで屋上にあげるのだが、一回十分くらいかかった。そして水道から出てきた水を十五分間煮沸して、フィルターを通すと初めて飲み水になるのだった。

山田さんはプロパンガスを使っていたから、炊事は楽だった。主食はマイダ（フスマの入らない小麦粉）に卵やベーキングパウダーを混ぜてパンケーキを作ったり、ご飯をたいたりした。ダシは何もなかったが、野菜がおいしいので、大根の葉の味噌汁、大根と赤カブのレモンあえ、ぬた、トマトスープなどは最高だった。

以前は汚いと思っていたバザールで、「アール　エーク　キロ（じゃが芋一キロ）とか「スンタラ　パーンチ（みかん五個）」とか言って買うのも楽しかった。

魚はまったく手に入らなくて、菅原さんの家ではバンコクから空輸した二種類の冷凍魚を使っていたが、あとはバザールで売っているハエのたかった川魚と、干した小さな魚しかなかった。これはクロのエサにした。

肉屋に行っても、首のついたまま羽をむしられた鶏がごろんと横たわっていたり、水牛の足がころがっていたりするので、肉はあまり買う気にならなかった。

慣れてくると、ドーナツや煎餅、コロッケ、干し柿、ウナギもどきなどの手作りを楽しんだ。煎餅は、近所の家で米を挽いてもらって、海苔やゴマ、砂糖などを付けて揚げた。ウナギもどきは海苔にじゃが芋をすって乗せて揚げる。それを甘辛く煮ると蒲焼風になった。マーブルケーキも焼いた。

トイレは水洗だったが、紙を流せないので、使った紙はまとめて焼く。生ゴミは庭の隅に捨てて肥料にした。洗剤は磨き砂が手に入ったが、米のとぎ汁を使うとよいと山田さんが教えてくれた。

クロがわたしになついてしまい、暇だと猫を抱いて庭で日向ぼっこをした。ときどき山田さんの仕事のパートナーであるネパール人男性がきて、のんびりと事務処理をしていた。

「ケ〜ラ、ケラ、ケラ（バナナのこと）」というバナナ売りや、物乞い、レース編み売りなどもやってきた。わたしはレイコハウスの朝食作りを手伝ったりして、二軒の家を行ったり来たりしていた。

アメーバ赤痢始末記

病院での検査の結果は何でもないということだったが、下痢はずっと続いていて、少しずつやせていくようだった。

下田さんは一人でエベレスト方面のトレッキングに、山田さんは日本に行ってしまった。体調が悪いのだから、せっかくの自炊生活を楽しめばよかったのに、わたしはしばらくすると、アンナプルナ方面の軽いトレッキングに出かけてしまった。

レイコハウスのお客で、ルーシーというニックネームの女性に連れて行ってほしいと頼まれたからだが、無謀としか言いようがない。じっとしているのもかえって不安だったのかもしれないが。

ポカラから何日か歩いて具合が悪くなったわたしは、ルーシーにはポーターをつけて先に行ってもらい、一人で引き返す途中のチャンドラコットの宿でダウンしてしまった。三週間も下痢をしていたし、下血はどんどんひどくなり、トマトジュースのような便になっていた。

同じ宿のカナダ人男性ラリーの連れていた小ざかしそうなポーターが、現地のポーターを雇って、担いで降ろしてくれるという。彼はどこからか竹籠を手に入れてきて、一部を切り取り、中にわたしの寝袋を敷いた。そこにわたしが座って、背中合わせに背負うわけである。一歩一歩、ガツンガツンと痛みがあったが、歩くより何と楽なことか。わたしの荷物は、ラリーのポーターがついでに背負ってくれた。

しばらくしたら雨が降り出した。カーレで雨宿りする。雨は激しくなり、わたしたちはそこで一泊しなければならなかった。

わたしは二階のベッドで、ラリーの厚い寝袋にくるまって寝た。彼は痛み止めや下痢止めの薬や、ホットレモン、チャイなどを持ってきてくれた。

次の日は快晴だった。新雪のアンナプルナをすっぽりかぶったショールの陰からながめて、ポーターに担がれて山道を下りた。スイケットからはチャーターしたジープに乗り、ポカラのシャイニー・ホスピタルに担ぎ込まれた。

アメリカ人の女医さんが看てくださったが、検査の結果はアメーバ赤痢で、ステンジルという薬を飲んだら、一発で下痢は止まった。

それから後も大変だった。助けてもらったラリーのポーターに女性として脅されたり、金品をゆすられる始末だった。

ラリーがじょうずに話をまとめてくれた。わたしはそのポーターに、担いでくれたポーターと同じだけのお金を払い、持っていたTシャツや手袋などをプレゼントした。ラリーには最後までお世話になった。

友だちがくる

トレッキングから戻ってレイコハウスに行ったら、日本から手紙が二通届いていた。「お金を斉田さんに頼んで、ツアー客に持って行ってもらいます」という父からのものと、「二十日ころ、恵子さんとトレッキングに行きます」というワラシーノスの裕子さんからのものだった。お金がくる、そして友だちもくる。わたしはうれしくてとび上がってしまった。

「いいわねえ、お金を送ってもらえるなんて」、お父さんを亡くしたばかりの菅原さんは言うが、自分の貯金をおろしてもらっただけである。

わたしはアメーバ赤痢のことなどを菅原さんに報告した。娘の美地ちゃんもはしゃいでいる。ここはもう実家のようだ。

和枝さんの滞在しているペンションのオーナーから、「泰代さんという市原さんの友だちがくるって、日本から連絡がありました」という伝言もあった。彼女は大阪に住む山好きの女性で、ワラシーノスの賛助会員というところだ。

わたしにはもうトレッキングにつき合う体力は残っていなかったが、とりあえずもう少し滞在を延ばすことにした。

十一月十五日から、ティハールの祭りが始まる。ラクシュミーという光の神様を祭るもので、ネパール歴の新年に当たる。昔はいろんな色のロウソクをつけたらしいが、このごろはチカチカ点滅する赤や緑の豆電球になってしまった。どこの家でも一晩中電球の灯りをつけているから、美地ちゃんの友だちで近所に住むジョムナの家の屋上に上がると、色とりどりの光がチカチカと点滅して、星の世界のようだった。

家の入口にマンダラが描かれ、人々は千日紅やマリーゴールドの門飾りをつけ、ドーナツのような菓子を揚げてラクシュミーの写真の前に飾る。ジョムナの家は派手好きだから、バンドを呼んでパーティをしていた。

ティハールの祭り
ガーイにプジャする日。飾りをつけられた牛

一日目はガーイ（雌牛）にプジャ（祈りをささげる）する日で、カトマンドゥ中をうろつく雌牛（一応飼い主がいるらしい）は額にティカという赤い粉をつけられ、体には赤や黄色の色粉をつけていた。次の日はバイラ（雄牛）にプジャする日だった。

その次は、ふだんは足蹴にされている犬にプジャする日で、菅原さんの家の犬トミーも、額にティカをつけられマリーゴールドの首輪をしていた。箒にプジャする日、カラスにプジャする日（これは餌をやるだけ）というのもあったように記憶している。

夜になると、子どもたちは太鼓を持ったりして各家をまわる。ティハールの歌を歌ったり踊ったりするとお小遣いをもらえるわけで、寺田さんとわたしは、家の明かりを消してレイコハウスに避難していた。お金がたまらない。

寺田さんとは、よく玄関先のコンクリートに腰を下ろしてお茶を飲みながら話をした。彼は絶対に女一人の住まいに入ってこないからである。

わたしが、「これからも、日本で音楽教室の仕事ができるかしら」とつぶやくと、「市原さんはインドとネパールで人間の原点を見てきたわけでしょう。ヤマハに戻っても、前とは違う教え方ができると思いますよ」と言ってくれた。

十一月二十日、菅原さん親子とわたしは、近藤さんに招待された。わたしの帰国と、『ヒマラヤの灯』という本を出された宮原さんの出版記念パーティだという。

宮原さんは、ヒマラヤ観光開発の社長で、自力でエベレスト・ビューホテルを建てた山男である。前に少し触れた根深さんが、その後の宮原さんについて書いているが、ネパールの国籍まで取得して、この国を貧困から救うべく政治活動をされたという。

インターナショナルクラブは、一般の人は利用できなくて、近藤さんのように偉い人が、お客を接待する時だけ使うことができた。

メニューのフランス料理を見て、わたしたち三人はワクワクしてしまった。わたしは黒コショウがのったフカフカのステーキ、ドレッシングのかかったサラダなどをご馳走になった。美地ちゃんはチキン、菅原さんはエビ料理をそれぞれ頂いた。

話は栗原小巻さんのことになった。もうじき東宝のロケ隊がきて、宮原さんが彼らのお世話をするらしい。菅原さんのオルガンを借りたい、近藤さんのお宅を撮影に使ったらどうか、などという話になった。わたしはもしかしたら、オルガンを弾く手だけ出演するかもしれない、という話だった。

食事が終わって、近藤さんがソルティーのカジノに連れて行ってくれた。帰りのタクシーの中で、「そうだ、今日はあなたのフルートを聞かせてください」と言われた。

レイコハウスでは、先に帰った菅原さん親子がニヤニヤしている。わたしは日本のフルート界の第一人者、吉田雅夫先生の親戚でもある近藤さんの前で、『精霊の踊り』を吹いた。吹き終わったとき、パッとフラッシュがたかれた。「え？　来てたの？」裕子さんと恵子さんは、夕方ここに着いたという。

日本から来たばかりの人は元気だった。裕子さんのびっしりと予定が書きこまれたノートを見て、わたしは日本に戻って使い物になるかしら、と思った。

夜はずっとおしゃべりをした。次の日は市内を案内したが、病み上がりのわたしは、スワヤンブナートの長い階段で息が切れてしまった。

泰代さんは二十二日にきた。すぐにトレッキングに行くという彼女と、四人で食事をしてお茶を飲んだ。こんな旅の最後があるなんて、夢にも思わなかった。わたしは今までの苦労がいっぺんで吹き飛んだような気がした。

裕子さんと恵子さんもポカラに向けて旅立っていった。

菩提樹の丘

冬になるとカトマンドゥ盆地は、毎朝濃い霧に包まれるようになり、庭のブーゲンビリアの花がぼんやりと浮かび上がる様は、涙が出るほど美しかった。昼間は、真っ青に晴れ上がった空に、ヒマラヤがくっきりと姿を見せてくれた。

トレッキングから戻った下田さんは、間もなくインドへ旅立った。わたしたちは日本での再会を約束した。

入れ替わりに、泰代さんがトレッキングから戻ってきた。次の日、銀行員の彼女はとぶように日本に帰って行った。裕子さんと恵子さんも戻ってきた。

「栗原小巻と仲代達也と河内桃子がくるんですってよ」、カトマンドゥに住む日本人の間では、その噂で持ちきりだった。それは『菩提樹の丘』という映画で、ネパールで幼稚園を経営している日本人女性がモデルで、『二十四の瞳』のネパール版という感じのストーリーだという。

ロケ隊がやってきてしばらくした頃、宮原さんがレイコハウスにきて、ロケ中の食事が栗原さんのお口に合わないのではないか、と言われた。わたしたちはチラシ寿司を作って差し入れすることにした。

大きな寿司桶が入っている風呂敷包みを持って、菅原さん親子とわたしは、精一杯おしゃれをして、ホテル・アンナプルナに行った。

部屋に入ると、美しい栗原さんがいらした。菅原さんはカチカチに緊張して自己紹介している。

「そちらの方は?」

「この人はピアノの先生をしていて、栗原さんの代わりに手だけ出演するという話がありました」

栗原さんはチラッとわたしの手を見られたが、その手はドーランを塗ったくらいでは追いつかないくらいまっ黒だった。美地ちゃんはサイン入りのダイヤモンドゲームをプレゼントされて大喜びしていた。

そこへ「ナマステ〜」と背の高い男性が登場した。仲代達也ならぬ名高達郎さんだった。わたしはボーッとしていて、サインをもらわなかったことを後悔した。菅原さんはその晩熱を出した。

裕子さん、恵子さんと三人で、日本人観光客役のエキストラとして映画に出演したが、わたしたちの出演したシーンは全部カットされていてがっかりした。

帰国は十二月八日に決まった。前日には、お借りしていた家の大掃除をする。山田さんのお陰で貴重な体験をさせていただいた。猫のクロとも別れがたかった。

夜はソルティーで、裕子さん、恵子さん、和枝さん、美地ちゃんと食事をした。わたしたちはネパールでは珍しいスパゲティを食べたが、何となく盛り上がらなかった。美地ちゃんは「市原さんの隣でうれしい」と言い、「春に絶対きてね。指切りしよう」と無理やり指切りするのもいじらしかった。

このカトマンドゥを離れるなんて嘘みたいだった。わたしは一年後に必ず会いにくると美地ちゃんと約束した。

ネパールを去る朝は、レイコハウスの美地ちゃんの部屋で迎えた。いつものように霧が深く、庭のブーゲンビリアもしっとり濡れていた。美地ちゃんは少しだけ背を丸めるようにして、後も振り返らずに学校に行ってしまった。

空港に行くまでのしばらくの間、菅原さんはダイヤモンドゲームをしようと言った。余計なことを考えたくなかったのだろう。コックのプスパと三人で何回もした。

菅原さんとプスパと庭作りのおじさんが見送ってくれた。タクシーが動き出すと、涙で何も見えなくなった。

山田さんの家の庭で近所の人たちと帰国パーティー。わたしのセーターはモルディブで編んだものです(右)。手前から和枝さん、ルーシー

第三章

日本画の得意だった母は、何枚かわたしの姿を描いてくれました。母が他界する一年前、米寿のお祝いとして、『光華』という画集を作りました

ああ社会復帰

「市原さん、インドやネパールに半年以上いると、日本の社会に住むのが難しくなりますよ。感受性の強い人ほどそうなります。絶対に半年以内に帰りなさい」、立川先生の言葉通りに、五カ月半の旅を終えて十二月九日、日本に戻りました。

母は妹と、千羽鶴を折って待っていてくれました。両親にはずいぶん心配をかけたと思います。ゆっくりお風呂に入れるし、正札どおりの買い物ができるし、お寿司も刺身もおいしいし、日本はなんて良い所なんだろうと思いました。わたしは友だちに電話しまくっては、暇があるとコタツでイビキをかいて寝ていました。

少しすると、日本をさめた目で見ている自分に気がつきました。何か変なのです。みんな何かに追いかけられているように、主体性なくそわそわしているように見えました。野菜も本物の味がしないし、いろんな物が作りもの臭いのです。

友人と待ち合わせをしても、その時間に着くことができないし、切符を買おうとすると、自動販売機の前でお金を落としてしまうのでした。街を歩くと、まわりの人と歩くテンポが合わなくて、人とぶつかってばかりいました。

そして困ったことには、テレビやエレクトーンなどの電気の音は、異様に響くばかりでした。わたしは日本で生きていけるだろうか、エレクトーンの仕事をしていけるだろうかと、本気で不安になりました。

そういうのを逆カルチャーショックというらしいのですが、当時はそんな言葉もなかったかもしれません。今から思うと、適当にブラブラしていれば元にもどったでしょうし、そのうちにどこか自分の居場所に収まったはずでした。

わたしの場合はのんびりしてはいられませんでした。帰国して三日ほどしたらヤマハ千葉支店から電話があり、指導グレードの試験官を依頼されました。わたしは何食わぬ顔で、音大生などの受験者に、ピアノを弾いて聴音の課題を出したりしました。

多田屋の音楽教室の担当は、わたしの休職と同時に新しい主任に代わっていました。主任に帰国の挨拶をしたら、あっという間に新年度から復職することになりました。

「半年も遊んできて、それでもみんな、戻ってくれてよかったと言うんですからね。市原先生も不思議な人ですよ」、主任はそう言ってあきれたような顔をしました。「またどこかに行くんじゃないでしょうね」

とんでもない、この社会復帰のしんどさを考えたら、二度とあんな旅はしたくない、と本気で思っていました。

　自宅の教室の生徒さんは、一人も辞めずに帰りを待っていてくれました。代講の先生方ともスムーズに引継ぎができて、一月から自宅レッスンの仕事を始めました。

　同じく一月から、フルートのレッスンも再開しました。フルートは、三味線との両立が難しくなるまでレッスンに通い、いろいろな場で吹かせてもらいました。

　フルートオーケストラに入ったり、バンドでアドリブまがいのことをやったり、モーツァルトのフルート四重奏曲を吹かせてもらったり、希少価値ということで演奏させてもらいました。

　ネパールからは、ひっきりなしに手紙が届きました。カトマンドゥが懐かしかったけれど、いつまでも旅に浸ってばかりもいられません。日本の社会で立派に生きていくためには、まずまわりの人と同じレベルまで自分を引き上げなければならないと考えました。

　わたしは旅のできごとを、思い出す限りレポート用紙に書きつけました。それは何週間もかかる作業でしたが、覚えていることはすべて書こう、そしてそれがすんだら、旅のことはひとまず忘れようと思いました。

　それから、目の前のことは何でもやってみようと思いました。

　両親の家で甘えているのはいやでした。いくつか見てまわった末に見つけた家は、家賃が二万四千円で二軒長屋の片方でした。狭いながらも庭がありましたが、お風呂はありませんでした。わたしはその幕張の家に、ヤカンと布団だけ持って引っ越しました。大家さんは荷物の少なさに驚いていましたが、どれくらいの物があれば日本で生活できるのか試してみようと思っただけで、必要なものはそのつど買い足しました。

じきに冷蔵庫もベッドも、電子レンジまで揃い、そのうちに家賃六万円のマンション風アパートに移るのですが、あの頃の生活を思い出すとおかしくなります。

ポピュラー・ミュージック・メイト

帰国後しばらくして、音楽教室の主任から電話がありました。P・M・M（ポピュラー・ミュージック・メイト）という子どもたちにバンドを作らせてアンサンブルの楽しさを教えよう、という実験教室が始まろうとしていました。関東甲信越地区から、やる気と興味のありそうな講師を集めてドラムやアレンジの特訓をして、来年度から軌道に乗せようということでした。

休職中でしたが、第一期生として週に一度、目黒や渋谷まで通うようになりました。一月から始まった研修はとてもレベルが高かったけれど、おもしろかったですね。

中心になって教えてくださったのは、キーボードが工藤雅子先生、ギターの高木哲也先生、管楽器の山本繁先生で、ドラム担当は渡辺和也先生、アレンジの研修は林雅彦先生でした。

担当の川口さんも個性的で、音楽のよく分かる方でした。あの研修を受けられただけでも、ヤマハに戻って良かったと思いました。

ドラムは前からレッスンを受けていたから何とかなりましたが、問題はアレンジでした。長い旅で感性が変わってしまったのか、当時はやっていた音楽の良さがまったく分からないのです。ジャズでもクラシックでもない、ビヨ～ン、ズシ～ンと心にしみる音が欲しい、機械的なきざみではない、息の長い音楽をやりたいと思いました。

それに電気の音や大きな音量のドラムは、ギリギリと耳の奥の方まで響いてきて、閉め切ったスタジオに、神経がおかしくなりそうでした。

三月末に、下田さんから帰国の知らせがあり、わたしたちは研修の帰りに渋谷で再会しました。伸び放題だった髭を剃ってしまって、つるつるした健康的な顔で笑っている彼は、渋谷界隈では少し場違いな感じがしました。

「日本って忙しいね。俺ついていけないよ」、彼は相変わらずのんびりとした口調で言いました。「金もないし、困ったなあ。何をすればいいのかなあ。といって俺にはソフトしかないし」

わたしは仕事をしていたからお金には困らなかったけれど、音楽は何が何やら分かりませんでした。同じような二人がため息をついても、何の答えも出てきませんでした。

五月の新年度から、本格的にヤマハの仕事を始めました。手書きのテキストによるP・M・Mのレッスンはおもしろかったですね。高校生四人のグループには、それぞれの頭文字をとって「YUSA（ユサ）」というバンド名をつけましたが、なかなかユニークなメンバーでした。

彼らは自分たちで選曲や作編曲をして、ライブではメンバーの一人孝子ちゃんのみごとな司会ぶりに、みんなお腹を抱えて笑いました。

わたしは次第に、エレクトーンやテレビの音に慣れていきました。

一年後に菅原さんや美地ちゃんに会いに行くという約束を果たそうと、今回はヒマラヤ観光開発の小松幸三さんにチケットを依頼しました。そのとき彼の知り合いで山岳カメラマン志望の花ちゃんを、いっしょに連れて行ってくれと頼まれました。登山家の小松さんは、その後マッキンリーで遭難死されましたが、花ちゃんとは長いつき合いになりました。

一年ぶりのカトマンドゥは故郷に戻ったようではありましたが、もうそれほどの感慨はありませんでした。菅原さんに「やせたね」と言われましたが、そういう彼女も心を病んでいました。

トレッキングには、群馬の山岳連盟の方たちや花ちゃんといっしょに行きました。一年前にアメーバ赤痢に苦しみ、三日かかった道を一日でとばして歩きました。雪が深かったのでゴラパニ峠で引き返しましたが、わたしたちは元気に山を楽しみました。

民族音楽の楽しみ

デザイナーの鈴木さんの悩みは、わたしよりも深刻なようでした。彼女は任期を終えてネパールから戻ったものの、もう素朴な線しか引けない、と言ってデザイナーをやめてしまいました。

アフマドは有名な民謡歌手

代々木に住む彼女のアパートを訪ねると、手編みの勉強中でした。そのうちに、ギリシャの友だちを訪ねてトルコに行き、気に入って住みついてしまいました。

「トルコはおもしろいよ」という彼女を訪ねて、三週間のギリシャ、トルコの旅をしました。ナイやサズなどの楽器を購入して、異文化とのふれあいを楽しみました。

ワラシーノスの関さんとサエ子女史とは、タイの山岳民族の部落にトレッキングに行き、『モーラム』という三河万歳に似たタイ東北部の芸能を鑑賞しました。

トルコいちの「ナイ」作りの名人

下田さんはあい変わらずコンピューターの仕事をして、お金がたまると長い旅や遠征に出かけていきました。彼の生活がうらやましくはあっても、わたしは仕事をやめることはできませんでした。責任感うんぬんよりも、音楽が好きだったからだと思います。

名古屋のゆかりさんからは、時々電話が入りました。

「聞いて、聞いて！　今度東京に行くことになったのよ」、東京外語大で助手の仕事をするようになった彼女は、池袋の近くの下宿に移ってきました。

家賃三万六千円の彼女の部屋には、もちろん風呂がありませんでした。彼女は農業用のビニールシートを台所に敷いて、湯沸かし器からホースで青いプラスティックのタライにお湯を引く自家用お風呂を考案していました。

わたしは時々彼女の下宿に出かけては、話に興じました。

うちのアパートにも、ゆかりさん、下田さんはもちろん、いろんな人が遊びにきました。一週間に二日東金の実家に教えに行き、あとは稲毛の教室でレッスンをしました。またコンサート、歌舞伎、ライブハウスなどに出かけたりして、快適なシティライフを楽しみました。

生徒さんたちは、いきいきとレッスンに通ってくるようでした。まわりの素晴らしい方々に支えられて、それなりに充実した生活を送っていました。

長唄三味線を始める

長唄三味線を始めたのは三十七歳の時で、きっかけは、ゆかりさんから、「ねえ、三味線習いに行かない？」という電話をもらったからです。

「近藤幸子先生っていうんだけど、とにかく素晴らしいのよ。うちの大学の民族音楽の先生と共演したコンサートを聴いてきたんだけど、音色の美しさに感動したの、三味線ってなんてすごい楽器なんだろうと思ったわ」という話でしたが、すぐに自分もやってみよう、そして友だちも誘ってしまおうというのが、何とも彼女らしいところです。

南インドで、歌舞伎によく似たカタカリに感激して、時々歌舞伎を観に行くようになっていましたが、その伴奏音楽は、長唄や清元の三味線でした。高橋竹山さんの津軽三味線を、いいなあと思って聴いたりしていましたが、自分でやるようになるとは思いませんでした。

近藤先生は、長唄三味線の世界では珍しく、現代曲もバリバリこなしてしまうすごい実力をお持ちなのに、とても気さくな方でした。わたしたちは、七万円ほどの初心者用の三味線と木製のバチを購入して、北千住までお稽古に通うようになりました。

最初にバチを持った時のことを、忘れることができません。三味線は、本質的に打楽器だと思いました。糸にバチを当てるとビョ〜ンと響く、まさに日本の音でした。わたしはうれしくて仕方がありませんでした。

インド音楽もそうですが、日本の音楽には和音がありません。インドやネパールの旅から戻って、複雑な和音がとても異質に感じられたものでした。また澄んだ音を良しとする西洋音楽と違い、三味線はわざとサワリを付けて濁った音を出します。わたしがアンデスの旅以来出したいと思っていたのは、こういう音ではなかったのかと思いました。

転調するにしても、ハ長調、ト長調などと弾き手が変えるのではなく、二上がり、三下がりと

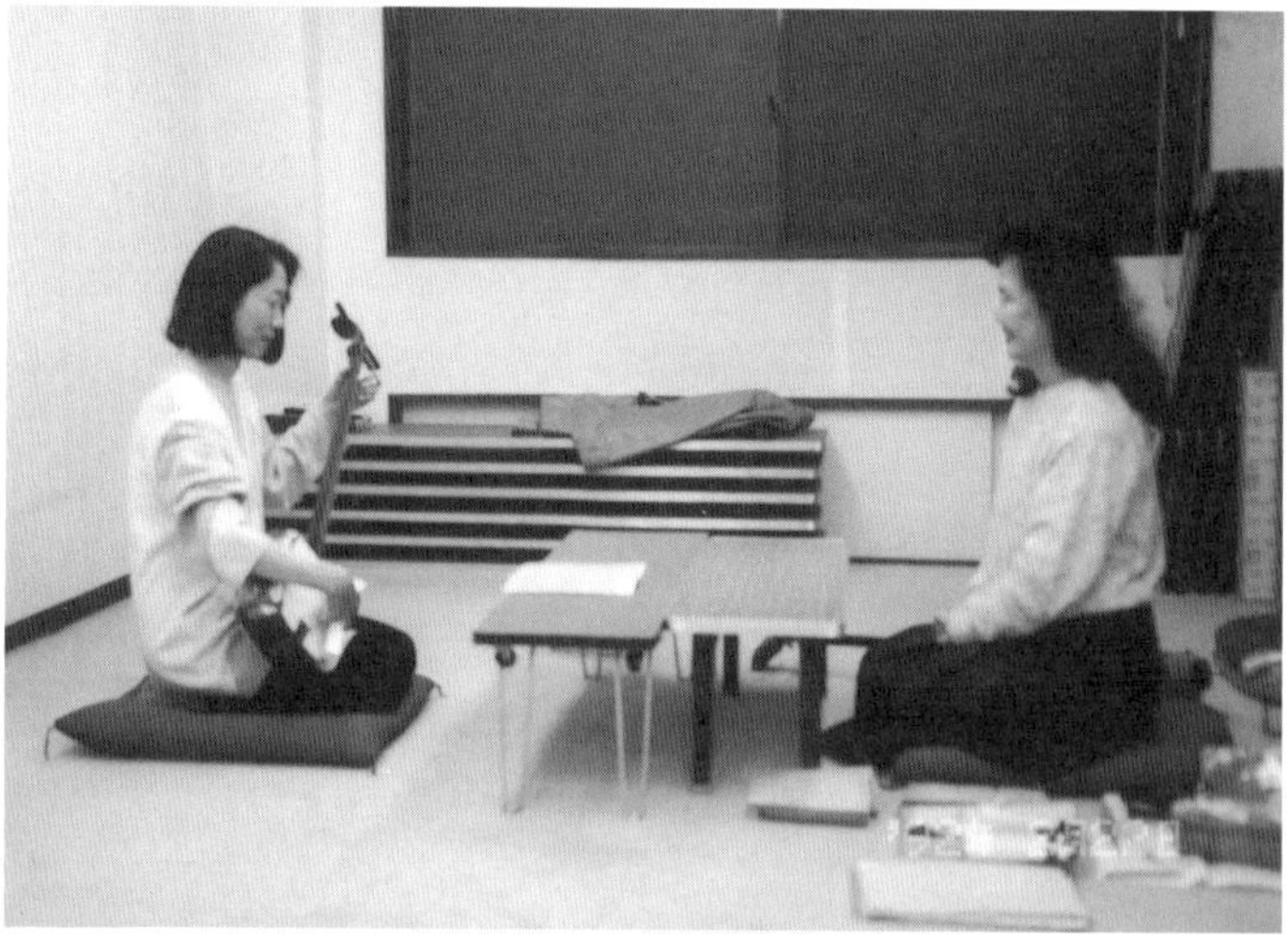

三味線のお稽古、右が近藤先生

いうように調弦そのものを変えてしまいます。布を切り刻んで、その人に合った洋服を作っていく方法と、同じサイズの布をその人の体形に合わせて着付けていく和服との違いに似ています。

牛若丸に弁慶など題材もわかり易いし、掛け言葉もふんだんに使われていてしゃれていました。江戸の庶民は、こんなに立派な音楽を楽しんでいたのかと、感心することしきりでした。

先生と向かい合ってお稽古しているとき、思わず先生の出される音の美しさに聞きほれてしまうことがありました。そして、謡曲、はやり歌、祭り囃子など様々な音楽をどん欲に飲み込んでいった、江戸のパワーそのもののような音楽を、乾いた砂が水を吸い込むようにどんどん吸収していきました。

お稽古を始めて何カ月かたったころ、ゆかりさんから電話がありました。

「あのねえ、東京で難民として暮らしているチベットの貴族がいるのね。わたしの父親くらいの年の人なんだけど、ホームシックのあまり、頭がおかしくなってしまったの。彼ね、チベット動乱で、ずっと独房に入っていても平気だったんだけど、東京ってもっとすごい所なのかしら」

気の毒だけど、どうしようもない。病院にでも入れようかということになり、彼女は何気なく、いつもの三味線の稽古風景を録音したテープをかけたのだそうです。すると彼は、涙をポロポロ流し始めて、すっかり元気になってしまったというウソのような話でした。

そういえば、チベットの仏像は、三味線に似たダムニャンを抱えていました。その楽器をナムチェのバザールで手に入れていましたが、音も弾き方も沖縄の三線にそっくりです。三味線のルーツは、稲作と同じでヒマラヤ周辺の国々らしいですね。中国雲南省、昆明の博物館で、バチで弾く三味線そっくりの楽器を見ることもできました。

アメリカの旅

P・M・Mはシステム化されて全国展開になり、S・E・C（シニアアンサンブルコース）という名称になりました。

二代目のクラス「アンバランス」もユニークで優秀でした。稲毛の駅でコンサートをしたり、全員がオリジナル曲を作って演奏したりと活躍しました。三代目、四代目のグループも着々と活動を始めていました。

わたしたちのバンド「サバンナ」も、時々コンサートをしたり、活動を楽しんでいました。

花ちゃんは、穂高の山小屋のバイトや知床の自然教室のお姉さんをつとめた後、コロラド大学に留学、夏休みはボランティアで、モンタナ州、ロッキー山中の国立公園でレンジャーとして働いていました。「きみ子さん、遊びにおいでよ」という電話があり、二週間休みをとって初めてのアメリカへ旅立ちました。

人口百五十人というウィズダムの町のレンジャー・ステーションに居候して、ハイキングやサイクリングなどを楽しみました。

帰りはグレイハウンドでシアトルに出ましたが、ウエスティンホテルのピアノの弾き語りが素敵で、わたしは目からウロコが落ちたような気がしました。次は絶対にニューヨークに行こうと思いました。

アメリカを旅するのは、インドの何十倍も楽でした。事務処理が早いし、日本より都会を旅するわけで、優越感を持って帰れるような気がしました。

考えたらわたしは、世界の田舎へばかり旅をしていました。世の中すべてバランス感覚、体力のあるうちに山や秘境に行っておこうと思ったのですが、あまり偏ってもいけないようです。

やっと外国人が入れるようになったブータンへは、ワラシーノスの関さんたちと、発売されたばかりのポーターサウンドという小さなキーボードを持っていきました。

ブータンの人たちは、自国の文化をとても誇りに思って大切にしています。

わたしの持って行ったポーターサウンドは大好評で、ガイドのイソが一晩借りたいと言いました。翌朝彼は真っ赤な目をしていましたが、一本指でブータン民謡を一曲弾けるようになっていました。それから村に着くと、彼はその曲を得意顔で披露しました。

何日かのトレッキングは快適で、無事にチョモラリのベースキャンプを往復しました。

わたしはポーターサウンドをブータンに置いていくことにして、イソに託しました。どこかの小学校で使ってくれたでしょうか。

ヤマハの後輩千代子先生とジャズを聴く旅に出ました。わたしたちはまずニューオーリンズに行きました。そこはディキシーの故郷、ジャズ発祥の地です。「ブリザベーションホール」では、たった一ドルで昔ながらのディキシーを聴くことができました。

ニューヨークでは、ブロードウェイでミュージカルを観たり、「ブルーノート」ではジャズのライブを楽しみました。ニューヨークの強烈なバイブレーションを浴びて、わたしたちは毎日興奮していました。

旅から戻ると、酸性とアルカリ性が中和するように、最新の音楽への違和感はすっかり消えていました。長いトンネルを抜けたようでした。

バリへは、やはりヤマハの後輩アヤちゃん先生との二人旅でした。プリアタンやウブドゥの村でガムランを聴いて、バリ舞踊を楽しみました。

残暑のころ

「仕事も好きだし、まわりの方も良い方ばかりなんだけど、わたしのやることはもっと他にあるような気がするんですよ」、人気のない講師控え室でコーヒーをすすりながら、主任にそんなことを言いました。

「市原先生ねえ、それは年なんですよ。ピアノの先生だって同じで、現役時代に比べて腕は落ちる一方、先生ってそんなものじゃありませんか。ましてやエレクトーンは新しい音楽をやっていかなくちゃあいけないんだから、もっと大変でしょう。先生ももう少し丸くなられたらどうですか。我々もう立派な中年なんですから」

いつの間にかわたしも三十代もあとわずかという歳になっていました。

多田屋のエレクトーン講師の三分の一はわたしが育てた生徒さんでした。わたしは後輩に、巨匠、大御所、古狸と半ば冗談で言われる、押しも押されぬベテラン講師であり、それがプレッシャーでもありました。

三味線のお稽古に通うのも大変でした。洋楽のようにきちんと時間や曜日が決まってなかったので、一日がかりのお稽古でした。組織の中にいると、研修会や会議やらで結構忙しいのです。じっくり邦楽の勉強をしてみたかったし、そろそろ自分の好きなレッスンをしてみたいと思いました。

退職を考え始めたわたしは、行っておきたいところをチェックしてみました。ドイツやフランス、イタリアなどのヨーロッパは、好きな人といっしょに、あるいは老後ゆっくり出かける楽しみにとっておくことにしました。

ワラシーノスの大森葉子さんとイギリスに行きました。ロンドンでは大英博物館に一週間通い、毎晩ミュージカルを観ました。リバプールではビートルズツアーに参加して、列車で「嵐が丘」の舞台のハワースやエジンバラを旅しました。

三味線の故郷、雲南省の昆明や大理、麗江へは大森さんとツアーに参加しました。

雲南は日本とよく似ていて、アイヌのムックリとそっくりの口琴を買いました。納西《なし》族では通い婚が行われていて、男性は好きな女性の家の窓辺で口琴を鳴らすということでした。

当時、海外旅行はまだ高くて、「市原さんってお金のなる木を持ってるの?」と言われたこともありましたが、わたしはけっこう慎ましい生活をしていました。子どももいないし、マンションや車を買わなかったし、化粧品もほとんど使いませんでした。ロングヘアーだったからふだんは美容院に行かないし、洋服は旅先で買ったもので間に合わせていました。

それに遊んでいる暇がないほど忙しかったのです。今から思うと綱渡りをしているような生活で、夜中に荷物をまとめて出かけたり、成田に朝八時に戻り、タクシーをとばして稲毛で十時の会議に出たりしていました。

旅にはいつも両面テープを持って行って、小さなノートにチケットなどの資料を張り付けていき、帰りの飛行機の中で日記も全部書いてしまい、あとは帰ってからの仕事のことを考えていました。

お休みを確保するためにも良い仕事をしていないといけなかったし、少しくらいの熱では仕事を休みませんでした。

ヤマハを退職

元気いっぱいのわたしにひきかえ、ゆかりさんにとっては辛い日々が続いていました。彼女は、インドのダラムサラにチベット難民の調査に行って肝炎になりました。そのうちにひどい頭痛をうったえるようになり、意識がなくなって道で倒れてしまうこともあったようです。病院での診断の結果は、脳腫瘍でした。

十数時間もの手術が行われて、一命はとりとめたものの後遺症が残りました。手足の筋力は、リハビリによって良い方向に向かっていましたが、彼女の優秀な頭脳は元に戻りませんでした。英語もチベット語もペラペラで、学者として将来を嘱望されていた彼女が、レタスやテレビなどの名前も思い出せないのでした。

ある日ゆかりさんの口から、思いがけず下田さんの名前を聞きました。二人はうちに遊びにきたりして顔見知りでしたが、ソフトの会社を経営している彼のマンションは、彼女が入院した病院の近くでした。よく見舞いにきてくれた、そして生活費のこともあり、彼の会社で週に何日か電話番や伝票の整理などをしているということでした。やがて二人は結婚します。

ゆかりさんが亡くなった、という話を聞いたのは一年後でした。下田さんは、彼女がもう余命いくらもないことを知っていて、それで結婚したのでした。

その頃わたしは親しい人を何人かなくしました。アンデスにごいっしょした秋場さん、そして高校時代の親友だった山口礼子さんもガンで亡くなりました。仕事と子育てに忙しかった彼女とは、ゆっくり話をする暇もありませんでした。病院に見舞いに行くと、「こんな時にしか会えないなんて」と涙ぐみました。

わたしがインドに行くと言ったら、どうしても送るんだと成田まで車を走らせてくれた彼女。若いころのように、いっしょに山や旅に行きたかった……。

もう夢を追ってばかりはいられません。今まで手当たり次第に、目の前にあるものを拾い集めてきました。そのために自分が傷ついたこともあったけれど、わたしは「他人に優しかっただろうか」と、思いました。そろそろ自分らしいものに形を整えていく時期かもしれません。音楽教室の方も優秀な後輩がたくさん育っています。

「今度こそ退職します」

主任は、「わかりました。市原先生、もう引き止めませんよ。僕もこの前交通事故でたった一人の姉を亡くしました。何となく先生の気持ちも分かるような気がします。なんでも好きな事をしてください」と言ってくれました。

ちょうど平成になった年、四十歳のわたしは十七年間勤めた音楽教室の仕事を辞めました。

お稽古三昧

すっぱりとヤマハの仕事をやめたものの、自宅の教室と三味線のお稽古だけでは時間がもったいないと思ったわたしは、とりあえずお稽古ごとに精を出しました。

着付けはアパートの近くの、ハクビの教室に通いました。けっこうおもしろくて師範の資格をとりました。

できたばかりの「朝日カルチャーセンター千葉」で、山口清秋先生に書道を習いました。巻紙に自由に詩や歌を書いたりして楽しかったのですが、九カ月で講座が終了、そのままになってしまいました。

生け花は、小原流の松尾チヨカ先生に六年くらい師事しました。若いころは、教えてあげるという生け花教授の資格を持つ母から逃げまわっていたものでした。こういう物の良さが分かってきたのも、旅に出て日本を外から見ることができたからかもしれません。家元教授になったとき、自分で「峰華」という雅号をつけました。

ベターホームの料理教室は月に一度だったので、なんと十年も通ってしまいました。食べるのが大好きなので、教室に通うだけで楽しかったし、パンにしてもお菓子にしても、料理はまさしく文化だと思います。

音大に行かなかったわたしは、作曲家の福田陽先生について、音大の理論の教科書を最初から教えていただくことにしました。非常に時間とエネルギーのいる勉強で、さび付き始めた頭にはきつかったのですが、和声の課題を解いたり、ソナチネやバリエーションの習作を書きました。

石神井の石津善治さんのお宅に、お囃子の稽古にしばらく通いました。能管や篠笛、小鼓などを勉強して、お浚い会などに練習がてら出していただきました。

ヤマハの仕事をしているときはあまり感じなかったのですが、家賃に生活費、月謝、交通費、交際費と支払いも大変でした。それでもお稽古の行き帰りに、都内の名所旧跡、美術館、博物館とマメに足を運びました。

大森さんに、「あなたって、本当に転んでもタダじゃ起きないのね」と言われました。

大地の響　再び

母と、母の小学校時代の親友、市原美那子さんとの十三回にわたる三人旅（親孝行旅行）も、三十七歳から続いていました。仲良しの二人が、たまたま同じ姓の人と結婚したというのもおかしいけれど、教員をずっとされていた美那子さんは、控えめながら品格のある方でした。だから三人旅も長く続いたんでしょうね。母と二人だけだったらケンカになっていたかもしれません。

高野山から始まって、滋賀、沖縄、九州、北海道、能登、津軽、奈良と一年に一回づつ、二泊か三泊の国内旅行をしました。わたしが企画と添乗員を担当しました。

沖縄の竹富島では、泡盛を一本テーブルに置いて、民宿のご主人の弾く三線とわたしの太鼓で盛り上がりました。帰りに三線を買ってきました。

弘前の民謡酒場『山唄』で津軽三味線を聴いたり、琴平歌舞伎に感動したり、わたしもじゅうぶん楽しませてもらいました。

十三年でピリオドを打ったのは、母と美那子さんのそれぞれの配偶者が高齢になり、長い旅に出づらくなったからです。

母と美那子さんとの親孝行旅行。今回は九州へ

陶芸の宮井起山先生の窯にも、時々遊びに行きました。父が陶芸を教えていただいていたご縁で知り合ったのですが、シルクロードの旅が好きなユニークな方でした。

宮井先生から、東金文化会館の特別展示室で民族楽器の展示をしないか、とお話をいただきました。まだきちんと整理をしてなかったのですが、旅で持ち帰った楽器は五十数点あって（今では八十点くらいに増えた）自分でもびっくりしたくらいでした。

それぞれの楽器の名前は、千葉中央図書館や武蔵野音楽大学の楽器博物館などに足を運んで調べました。

一九九〇年の八月いっぱい、『大地の響』というタイトルで展示させていただきました。今まで自宅の押し入れや棚の中でくすぶっていた楽器が、照明を浴びてキラキラ輝いていました。楽器のほかに、民芸品や布、旅の写真、レコード、譜面なども展示しました。

千葉テレビや千葉日報で紹介され、東金市の情報誌『ときめき』にも掲載していただきました。

小見川にお住いの太田郁代先生もユニークな方でした。お母さんがお琴の先生で、郁代先生もお琴の大師範の免状を持ち、NHK放送管弦楽団でバイオリンを弾いていたという経歴をお持ちです。わたしは彼女がエレクトーンの先生をしていた頃からの知り合いです。

先生に誘われて、彼女の発表会などで三弦二重奏曲を演奏したりしていましたが、今度エジンバラの日本文化祭に出演しようと言われました。メンバーは先生の友人であるバイオリンやチェロの愛好家と、琴や三弦の生徒さんたちでした。

エジンバラのシビックセンターの本番には、七百人くらいのお客さんがきてくださいました。わたしは三味線のほかに篠笛やフルートも演奏しました。『綾』という郁代先生との三弦二重奏曲は、「ブラボー」という声をたくさんいただきました。

これは、もともと琵琶のための二重奏曲だったのを、二人で三味線用にアレンジしたのですが、ダバダバ、バシ〜ンという琵琶の奏法で三味線を弾くわけで、外国だから恥ずかしげもなくできたのかもしれません。

市原音楽教室

特に募集はしなかったのですが、自宅の教室はどんどん忙しくなりました。教室といっても、玄関先の九畳半ほどの部屋で、アップライトピアノ、エレクトーン、ドラム、シンセサイザーなどがビッシリと置かれていました。

奥の壁は作り付けの棚になっていて、レコード、テープ、CD、楽譜、ステレオなどが並び、一番上の棚はガラスがはめ込まれていて、民族楽器がたくさん詰め込まれていました。入りきれないものは押し入れや隣の部屋に収納されていて、電話の台になっているものさえありました。

市原音楽教室で

その教室に、一番多い時は六十五人もの生徒さんが在籍していました。個人レッスンですが、レベルが揃うと一時間に二人か三人のグループレッスンにしました。エレクトーンを習っている子にも、ピアノやドラムの初歩のレッスンをしました。

また父兄や生徒さんたちとのコミュニケーションのために、『くちぶえ』という手書きの新聞を隔月で発行していました。

発表会は、大きい会と小さい会を一年交代で開きました。「小さなコンサート」の時は、全員がソロ演奏をしました。「みんなのコンサート」の時は、ほかの先生といっしょに、エレクトーン二～三台、シンセサイザー二～三台をステージに運んで、音のバランス、照明、衣装、プログラムなどにも凝りました。

ママさんバンドも結成して、お母さんたちがドラムを叩いたり、ピアノを弾いたりと大奮闘しました。

当日はヤマハの後輩たちがたくさん聴きにきてくれて、多田屋の社員さんたちも協力してくれました。「先生は人を集めるよね」と言われましたが、東金文化会館の小ホールがいっぱいになり、立ち見が出たこともありました。終わると、打ち上げと称してパーティやらカラオケやらで盛り上がりました。

十年目のネパール

花ちゃんはアイダホ大学の大学院で林学の勉強をしました。帰国すると、熱帯雨林の専門家としてＪＩＣＡの仕事でタイに赴任しました。バンコクで大きな一軒家を借りて暮らしている彼女から、「きみ子さん、遊びにおいでよ」という手紙が来ました。

十日間の滞在でしたが、スコタイの遺跡を見学したり、太鼓や笛を買ったり、タイシルクのステージ衣装を作ったりして帰りました。

十年ぶりのネパールには、高校一年生の姪を伴いました。花ちゃんが、今度はネパールに赴任したからです。チケットは十年前のお礼もかねて、斉田さんにお願いしました。

ジョムソンで近藤さんのお宅に泊めていただき、姪と二人でヒンドゥ教の聖地ムクチナートまでトレッキングしました。

カトマンドゥに戻って、一人でレイコハウスのあったディリ・バザールに行ってみました。ジョムナの姉妹は、教師になったり、アメリカに留学したりして活躍していました。ジョムナのお母さんはわたしのことを覚えていてくれました。菅原さんや美地ちゃんは、日本にいるようでした。カトマンドゥは、車の渋滞やスモッグに悩まされる、つまらない都会になり果てていました。


十年ぶりのネパールから戻って、斉田さんの会社にお土産を持って挨拶に行き、話が盛り上がってしまいました。

「来年の新年は、関たちとポルトガルのナザレの海岸で、イワシを食って初日の入りを見ようぜ」

知り合いばかりのツアーが実現して、わたしもスーツケースを新調して参加しました。

ロンドンのヒースロー空港で乗り換えてリスボンに着いたのですが、わたしたちの荷物は届きませんでした。翌日スーツケースを積んだトラックがナザレに到着しましたが、鍵がみんな壊されてこじ開けられ、スーツケースはボコボコになっていました。

イミテーションのアクセサリーを盗られたり、お煎餅をかじられたり、中には十万円盗まれた人もいましたが、わたしのスーツケースだけ無事でした。もちろん金目のものはなにも入っていなかったのですが、わたしは鍵をかけるのを忘れていたのでした。

ポルトガルではファド、マドリッドではフラメンコを楽しみました。

江戸の調べ

北千住は、日光街道第一の宿場で、狭い通りに絵馬屋さん、お菓子屋さん、芋屋さんなどいろいろな店が立ち並んでいます。漢方などを扱う薬屋さんも多くて、長唄三味線のお稽古場は、平尾薬局の三階にありました。

近藤先生は長唄の古典を教えてくださいました。本来ならば口移しで芸を教わるのですが、ハーモニカや大正琴のような譜本を見ながらお稽古しました。

一年に何曲か習って、全部で七十九曲教えていただきました。一年に一度、東条会館などでお

幸城会発表会（東条会館にて）

浚い会があり、十五分から二十分かかる曲を暗譜で演奏しました。
参考までに演奏した曲をあげてみます。

小鍛冶…名工三条小鍛冶が稲荷明神の加護で、小狐丸という名刀を作る話
鞍馬山…牛若丸が天狗を相手に剣道の修業をするアニメのような曲
巽八景…深川の遊里付近を近江八景に見立てた粋で渋い曲
娘道成寺…安珍清姫の話に取材した、長唄の代表曲
都風流…久保田万太郎の作詞で、浅草界隈の風物詩をすっきりと描いた曲
吾妻八景…江戸の名所風物が歌われている粋な曲
松の翁…駿河の国、某家の庭園の見事さを歌った曲で、難しい手がついている
秋の色種…南部の殿様が作られた。虫の合方、琴の合方などで秋の情緒をあらわす
勝三郎連獅子…子獅子を谷底に突き落とす親獅子の故事。勇壮なクルイがある
三国妖狐物語（中）…那須野の狐の話だが、舞台は中国の殿。浄瑠璃風の難曲
新曲浦島…坪内逍遥作詞、浦島太郎に取材した楽劇のプロローグで海の描写曲
勧進帳…歌舞伎の勧進帳からセリフを抜いたものだが、長唄名曲中の名曲
雨の四季…池田弥三郎作詞で、四季の雨を通して見た江戸下町情緒を描く粋な曲

お弟子さんは、長唄歴六十年のおばあちゃんとか、世話好きな下町のお母さん、銀行員、教員、お琴の先生とさまざまでした。みなさん粋で、江戸っ子で、お茶の入れ方からお辞儀の仕方まで、勉強になることばかりでした。

ｊｅｔのアドバイザーになる

自宅のレッスンをしていて困ったのは、適当なテキストが少ないことでした。

わたしは、今までのノウハウを駆使して、自分なりに工夫してレッスンしていましたが、もっと情報が欲しいと思いました。指導法を教えてほしいというエレクトーンの先生もうちの教室にみえていました。

そのころ、ｊｅｔ（全日本エレクトーン指導者協会）という組織ができて、多田屋のアドバイザー（正式にはアドバイザリー・スタッフ）として立ち上げに協力してほしいと言われました。

わたしはもう四十五歳で、自宅の生徒さんの指導と三味線の稽古だけで充分忙しかったのですが、多田屋支部の形だけ作りましょう、とお引き受けしました。ｊｅｔのトップは以前お世話になった山岸三樹夫先生で、先生の作られたテキストは本当に良かったからでもあります。

わたしは会員さんたちの入会セミナー（テキストの指導法の研修）や、月に一度程度の講座の

カーネギーホールの前で。日本文化祭に出演しました。
メンバーとシゲタク先生、その後ろが郁代先生

企画や研修を担当しました。

アドバイザーの先生方は、パワーも音楽力もある方ばかりでした。ふだんの研修は稲毛の多田屋のホールを使いましたが、アドバイザー会議は渋谷や泉岳寺にあるヤマハ東京支店で行われました。

三味線の稽古も続けていましたから、北千住と渋谷を行ったり来たりしていたわたしは、ある朝起きたら目の下が紫色に腫れあがっていたこともありました。ストレスだったと思います。

カーネギーホールに出演

郁代先生からは、海外演奏旅行の話を何回かいただいていたのですが、今度はカーネギーホールに出ようと誘われました。三月の末

に、三日間日本文化祭が開かれるというのです。今回だけは行ってみようと思いました。

みんな同じようなことを考えたらしく、琴、ビオラ、フルート、クラリネット、ピアノ、それにコーラスの愛好家の方たちがたくさん集まりました。

出し物は『ふるさとの詩』一曲だけで、『浜千鳥』や『こきりこ』など抒情歌のメドレーでした。若くて独身の通称シゲタク先生の指導で、コーラスおばさんたちはメキメキと上達しました。

三味線の皮は繊細で、ちょっとした湿度の変化でも破れてしまいます。イギリスにはやむを得ず初心者用の三味線を持って行ったのですが、今回は良い方の三味線を持っていきたいと思いました。合成の皮に張り替えてもらおうかと三味線屋さんに行ったら、ぜひ電気三味線を買うようにと、製作者の山口さんに勧められました。

表は犬皮ですが、裏がプラスティックなので破れにくいし、エレキギターのようにシールドでアンプにつなげるから、マイクを使わなくてもよいということでした。棹はそのままで、銅の部分だけの電気三味線を作ってもらいました。

ニューヨークのヒルトンホテルは、カーネギーホールに出演する日本人でいっぱいでした。ホテルで開かれたレセプションでは、音楽監督のアイザック・スターンさんが挨拶してくれました。

向こうの技術の方は使い方がよく分からなくて、電気三味線は特に威力を発揮することもなく、普通の三味線と何ら変わりなく演奏することになりました。

もっと弾きたかったのに、本番はあっという間に終わりました。音響がすごく良くて、少しもうるさくないのに隣の演奏者の音がよく聞こえました。

演奏旅行はそれなりに楽しかったのですが、わたしは海外の旅にそれほどの充実感を感じなくなっていました。

奈良を楽しむ

ＪＩＣＡの仕事でチャドに赴任していた花ちゃんが帰国しました。もう沙漠はいやだ、日本のしっとりした自然を撮りたい、という彼女と大杉谷を遡って大台ケ原に行きました。わたしにとっても久々の山登りでした。

大杉谷は鎖場や梯子が連続していて、道は危険ですが美しい滝がいくつもありました。ブナの黄葉と赤く色づいた紅葉とのコントラストが素晴らしくて、この世のものではないような気がしました。

すっかり奈良が気に入った花ちゃんは、長谷寺の近くにアパートを借りましたが、そのうちに榛原にマンションを買って住みついてしまいました。わたしは一年に一度か二度、一週間くらい滞在させてもらいました。

バイケイソウやツツジが美しい大台ケ原には、彼女との車で何度も行きました。弥山、葛城山、二上山にも登りました。「野にかぎろいの立つみえて」と人麻呂が歌った「かぎろい」を見ようと、大宇陀の丘で夜明け前から待ったり、ずいぶん贅沢な旅をさせてもらいました。

山辺の道を歩き、聖林寺や石位寺の美しい桜、室生寺のシャクナゲ、岩船寺のアジサイなど奈良の四季を楽しみました。

彼女がマンションを引き払って鎌倉の実家に戻ったのは、お父さんが高齢になり、お母さん一人での介護が難しくなったからです。

最終章ではないけれど

最初は基礎を作ったらやめようと思っていた、アドバイザーの仕事がどんどん忙しくなりました。会員の人生相談まで引き受け、手話コーラスを勉強して伝達研修をしたり、シンポジウムや生涯学習フェスティバルに参加したりしました。

多田屋では、「サウンド・ギャラクシー」という講師と生徒がいっしょに参加するコンサートを企画しました。その一回目に、せっかく買った電気三味線を試してみようと思いました。曲は杵屋正邦作曲の『小坊主』という曲にしました。

エレクトーンで木魚の音などを作って、楽しい伴奏を考え、自分のエレクトーン演奏を録音したフロッピーディスクを流しながら、それに合わせて電気三味線を弾くのです。曲名も『こぼ～

ず』に変えました。

幸いこれは好評で、わたしは次々に、神田祭りのお囃子を取り入れた『まつり　まつられ』、徳島に旅をした時に作った『阿波の国では』、鈴虫や南部の殿様の飼っていた猫の鳴き声を取り入れた、長唄『秋の色種』に取材した『秋の合奏団』などを作りあちこちで演奏しました。近藤先生は大喜びでしたが、結果はイマイチでした。

三味線とエレクトーンと両方の楽器を極めないといけないから、手間がかかって大変なのに、ただの余興で終わってしまうような気がしました。

結婚とか、現実のことを考えないわけではありませんでした。わたしの周りには、個性的な男友だちがたくさんいたのですが、だれと結婚したらいいのか、見当もつきませんでした。わたしは両極端な二つの世界を行ったり来たりしているような生活をしていたからです。

そんな中で、わたしの周辺は淋しくなっていきました。景気がどんどん落ち込んで、エレクトーンの生徒さんが全国的に激減しました。

ワラシーノスで一番仲が良かった大森さんが肺ガンになりました。死を覚悟した彼女を、関さんを始めワラシーノスのメンバー何人かでドライブに誘いました。

山梨にあった山里先生の作られた美術館で、車椅子を降りた彼女はとても軽かったのを覚えています。入院以来最良の日と喜んでもらいましたが、その時の写真も見ないままに亡くなりました。

父の老いも進みました。白内障が悪化して車の運転ができなくなったので、二十四年間ペーパードライバーだったわたしが、代わりに運転するようになりました。田舎暮らしに、車は不可欠でしたから。

父は転んで、口から血を流して通りがかりの車に乗せてもらって帰ってきたりしました。ふいとお酒を飲みに行って行方不明になり、母を助手席に乗せて捜しまわったこともありました。

エレクトーンの新しい機種が発売になりました。パソコンにつなぐと本格的なコンピューター・ミュージックができるので、ヤマハから「アドバイザーの先生方は、パソコンに習熟するように」というお達しがありました。わたしたちは、エレクトーンのほかにそれぞれパソコンを購入して勉強しました。

一通り覚えたところで、コンピューター・ミュージックのソフトを使って勉強を始めました。こちらは時間もかかるし、本当に大変な作業でした。電気三味線の伴奏を、エレクトーンの代わりにコンピューターを使うことも考えました。わたしは一日の時間の多くを、曲の打ち込みに費やしました。自宅の発表会や千葉地区のアドバイザーによるコンサートの準備も同時進行していました。

両親の老いも進んで、わたしは音楽ばかりやっていられない状況になりつつありました。タイムリミットが近づいていました。

ある日、そんな生活が全部嫌になりました。体は何ともなかったのですが、一種の更年期障害だったのかもしれません。

信じられないことですが、わたしは今まで築き上げてきた世界を、一瞬のうちに壊してしまったのです。張り切っていた糸が、プツンと切れたような感じでした。

わたしの音楽武者修行は終わりました。

あれから・・・

この原稿を書いていると、北極圏をクルーズしている友人から氷河や白熊の写真が送られてきました。昔アンデスをいっしょに旅したワラシーノスの関さんとサエ子女史からのラインです。「あれから四十年」というけれど、時代は変わりました。インドやネパールを長く旅したころ、インターネットも携帯もなく、国際電話もろくにつながらなくて、たまに実家に出す絵葉書だけが唯一の便り、ある意味では命がけの旅でした。

日本に帰ってからも、話の通じる人がほとんどいなくて、孤独感を抱えていたものでした。今なら世界遺産や秘境ツアー、エコツアーという言葉で簡単に説明ができてしまいます。

アドバイザーを辞めて、わたしの中での音楽の第一線を降りたのは五十一歳でした。

父は認知症になり、父の介護で疲れ切った母は坐骨神経痛で動けなくなりました。東金の実家に戻ったわたしは、あっという間に一家の大黒柱になり、介護や慣れない田舎のつき合い、家事などをすべて引き受けることになりました。

三味線は、「稀音家六き紗《きねやろくさ》」というお名前をいただいたものの、披露もしないうちにお休みせざるをえなくなり、千葉市のアパートも引き払いました。

暇はあるけれど遠くには出かけられない介護生活の中で、以前作曲を教えていただいた福田先生について、もう一度ピアノを

韓国最高峰の済州島のハンラ山（1947メートル）
頂上の火口湖は霧で見えませんでした。ケンジさんと

フランス・ロアールにある貴族の館で結婚式。
フランス語サークルの人たちが祝ってくれました（2008年5月3日）

勉強し直すことにしました。グランドピアノも購入して、十五年くらいレッスンに通いました。

介護は大変でしたが、自宅の音楽教室も続けたし、地域のフランス語のサークルに入ったり、太巻き寿司の教室にも通いました。介護保険も使えるようになって、妹の家族にも手伝ってもらいました。経済的には特に困らなかったから、わたしはかなり幸せな介護者だったと思います。

等身大の自分に戻ったわたしは、二歳年上のケンジさんと五十九歳で結婚しました。ケンジさんには、二人の子どもと孫が五人います。両方に介護の必要な親がいたから、別居婚からのスタートでした。

ケンジさんとは、山と音楽という共通の趣味があります。わたしたちは婚約旅行といって韓国の観光旅行に行き、婚前旅行といっては済州島にある韓国最高峰ハンラ山に登りました。

フランス語サークルの方たちが、ロアール地方にある貴族の館での結婚式を提案してくれました。先生をはじめメンバーの三人が参加してくれて、手作りの華やかな式が執り行われました。新婚旅行も語学研修旅行も兼ねたフランスの旅は、最高の思い出になりました。

ケンジさんと、その後イタリアやドイツに行きましたし、二人で日本百名山を完登したのは、わたしが六十三歳の時でした。キャラバンシューズを買って上高地に行ってから、四十年以上かかったことになります。

最近では厳しい山登りはできないので、ウォーキングやハイキングを楽しんでいます。友人と六十五歳から始めた東海道と中山道の街道歩きは、コロナ禍で、日本橋から京都三条まで、なかなかたどり着けませんでした。やっと再開して、三重県の庄野宿から滋賀県の水口宿まで歩いてきました。中山道の方も頑張らないと。

東日本大震災も経験し、景気は以前に増して冷え込みました。エレクトーンのブームも終わり、少子化はさらに進みました。

六十六歳の時、四人の親を見送って大網のケンジさんの家で同居するようになりました。この歳でこんなことをしていいのかと迷いましたが、東金の実家から楽器などを運び、家をリフォームして前より広い音楽教室を作ったのは、六十九歳の時です。

東金の教室と同じように壁には棚を作り、楽譜や資料、旅先で買ってきた民族楽器、お土産などを飾りました。母の描いた日本画やキリマンジャロのポスターなども展示してあります。

新しい教室には、シニアの方々が多くレッスンにこられます。

団塊世代のわたしは、じっとしていられない性分のようですね。

おわりに

日記をつけ始めたのは小学校三年生のときでした。母に日記を書いてみたらと勧められたからですが、グチャグチャな字で書きなぐってあったり、少しさぼっていた時期もありましたが、今も細々と書き続けています。

旅や山から帰っても、忘れてしまわないうちにと、マメに文章やメモを書きつけてありました。それらに助けられて、こんな本ができました。

五十九歳で遅い結婚をしたものの、身の回りでいろんなことが起こるので、頭の整理のために文章にまとめておこうと思い、それならついでにエッセイの勉強をしてしまおうと、カルチャー教室に入会しました。

講師は当時「千葉日報」にエッセイを連載していらした酒井登志生先生でした。酒井先生は文学のほかに音楽がとてもお好きで、しかも共通の知人が何人もいたりして、初回の授業から盛り上がってしまいました。

先生が面白がってくださるので、調子に乗って、結婚のこと、音楽のこと、介護のことなど次々に書きました。やさしいけれど、大事なことはきちんと指摘してくださる先生でした。

何年かして先生は他界されましたが、残ったメンバーでエッセイサークルを作り、今も月に一度作品の読み合わせをしています。

『わたしの音楽武者修行』というシリーズを書いていたのは十年以上前で、酒井先生にも目を通していただきました。まだ介護中でしたから、母をデイサービスやショートステイにお願いして、その間に教室に通っていました。古い資料を探したり日記を読んだりするのは、逆に仕事をあまりしていない時期だったからできたのかもしれません。

その後、母と義父母を見送り、新しい土地での同居生活が始まり、音楽教室の移転、実家の整理などイベントが続きました。

今回こうして形にできたのは、コロナ禍で時間がとれたからでもありますが、「あなたの原稿、とってもおもしろいわよ。ぜひ本になさいよ」とおだててくださった今関淳子さんをはじめ、エッセイサークルの方々のおかげです。

「書きっぱなしにしておかないで、そろそろまとめてみたら」、いつも素敵なアドバイスをくださるエッセイストの本間淑子さんにも背中を押していただきました。

酒井先生ならなんておっしゃるかしら、と思いながら筆を加えましたが、写真や絵をたくさん入れて、楽しく読んでいただけるようにと工夫しました。

古い記録を見ながら細心の注意を払ったつもりですが、思い違い、書き間違いなどのため万一誤ったことが書いてあったら、歳のせいということでお許しください。

登場人物のお名前は、個人情報に留意して、一部変えさせていただいてあります。ソ連、ＯＬなど、この頃聞かなくなった言葉も出てきますが、時代の雰囲気を出すためにあえて使わせていただきました。

編集は、今関さんのお友達の菅野真知子さんがお手伝いをしてくださいました。また、ぱるす出版の梶原純司社長のアドバイスと以前母の画集を作った時にお世話になった春日榮さんが、再び編集、出版のリーダーシップをとってくださいました。

あらためて、この本の制作に携わってくださったすべての方々に、お礼を申し上げます。

２０２３年４月吉日

市原きみ子

年譜

西暦（元号）	年齢	出来事
1949（昭和24）年	0歳	3月4日、千葉県東金市に父市原清、母みつの長女として生まれる
1954（昭和29）年	5歳	ときがね幼稚園に入園
1955（昭和30）年	6歳	東金小学校に入学
1959（昭和34）年	10歳	大野先生ご一家にピアノを習い始める
1961（昭和36）年	12歳	東金中学校に入学 父の転勤で、夏休みに大多喜中学校に転校
1962（昭和37）年	13歳	父の転勤で、夏休みに大原中学校に転校
1964（昭和39）年	15歳	千葉県立大原高等学校に入学 北町キリスト教会でオルガニストをつとめる

1967（昭和42）年	18歳	高校卒業後、東京電力千葉支店に入社
1968（昭和43）年	19歳	東金市台方に転居、ピアノのレッスンを再開する 山歩きも始める
1971（昭和46）年	22歳	7月に東京電力を退職 ヤマハ音楽教室エレクトーン科講師になる エレクトーン奏者としても活動を始める
1975（昭和50）年	26歳	12月に最初の海外旅行で、「ロシア冬の芸術祭」ツアー
1976（昭和51）年	27歳	12月、オーストラリア・ツアー
1977（昭和52）年	28歳	12月、ニュージーランド・トレッキングツアー
1978（昭和53）年	29歳	7月、ペルー・アンデス・トレッキングツアー 帰国後、ドラムとフルートを習い始める
1979（昭和54）年	30歳	3月、ネパール・エベレスト・トレッキングツアー 8月、キリマンジャロ登山とパキスタン・スワット渓谷
1980（昭和55）年	31歳	4月、台湾玉山登山ツアー

1981（昭和56）年	32歳	2月、中国シルクロード・ツアー 8月、ボルネオ・キナバル山登山 12月、ネパール・ランタン・トレッキング
1982（昭和57）年	33歳	ヤマハ永年勤続10年で表彰されてから、1年間休職 6月25日から12月9日までインド、ネパール、スリランカ、モルディブを旅する
1983（昭和58）年	34歳	幕張で一人暮らしを始める ヤマハに復職、ポピュラー・ミュージック・メイトを受け持つ 12月、ネパール再訪、花ちゃんを伴う
1984（昭和59）年	35歳	12月、タイ山岳民族トレッキング
1985（昭和60）年	36歳	4月、トルコ、ギリシャに和枝さんを訪ねる
1986（昭和61）年	37歳	9月、アメリカ・モンタナ州に花ちゃんを訪ねる 12月、ブータン・チョモラリ・トレッキング 長唄三味線を習い始める 母と母の友人美那子さんと、親孝行旅行を始める
1987（昭和62）年	38歳	8月、ニューヨーク・ジャズの旅 12月、バリの旅

1988（昭和63）年	39歳	6月、イギリスの旅 12月、中国雲南省ツアー
1989（昭和64 平成元）年	40歳	ヤマハ音楽教室システム講師を退職 音楽理論、お囃子、その他お稽古ごとに精を出す
1990（平成2）年	41歳	夏休みに東金文化会館で「大地の響」民族楽器展を開催
1991（平成3）年	42歳	6月、イギリス・エジンバラにて日本文化祭、三味線、篠笛を演奏する
1993（平成5）年	44歳	2月、タイ・バンコックに花ちゃんを訪ねる 12月、10年ぶりのネパール、姪を伴って花ちゃんを訪ねる
1994（平成6）年	45歳	jet（全日本エレクトーン指導者協会）アドバイザーになる 12月、スペイン、ポルトガル・ツアー
1996（平成8）年	47歳	3月、アメリカ・カーネギーホールにて日本文化祭、三味線を演奏する このころ、何回か奈良に花ちゃんを訪ねる
1999（平成11）年	50歳	11月、韓国の田舎を旅する 12月、ソウルを旅する

2000（平成12）年	51歳	jetアドバイザーを辞める 両親の介護のため、千葉市のアパートを引き払って東金の実家に戻る ピアノのレッスンを再開、フランス語サークルに入る
2005（平成17）年	56歳	10月、父清89歳で他界
2007（平成19）年	58歳	ケンジさんと婚約旅行といって、3月韓国へ 6月、婚前旅行といって韓国最高峰ハンラ山登頂
2008（平成20）年	59歳	5月、フランスにて結婚式、別居婚に入る
2009（平成21）年	60歳	2月、タイ・チェンライで夫の友人の結婚式に出席 4月、タイ・プーケットで夫の姪の結婚式に出席 百観音霊場巡り発願
2011（平成23）年	62歳	母の画集『光華』を出版
2012（平成24）年	63歳	2月、イタリア・ツアー 6月、母みつ90歳で他界 7月、幌尻岳を登って、夫婦で日本百名山完登 12月、ベトナム・ホーチミンの旅

2013（平成25）年	64歳	5月、台北の旅
2014（平成26）年	65歳	百観音霊場巡り結願、東海道と中山道を歩き始める 6月、インド・ツアー
2015（平成27）年	66歳	2月に義母、10月に義父が他界、大網で同居が始まる 4月、北京ツアー 12月、ドイツ・ツアー
2016（平成28）年	67歳	9月、台湾周遊ツアー
2018（平成30）年	69歳	大網に音楽教室をうつす

☆旅は、出発した月のみ記載しました。
☆個人旅行と区別するため、団体旅行はツアーと書きました。

大地の響

～わたしの音楽武者修行～

令和5年5月27日　初版第1刷

著　　者　市原きみ子
発行者　梶原純司
発行所　ぱるす出版株式会社
東京都文京区本郷2-25-14 第一ライトビル508 〒113-0033
電話　03(5577)6201　FAX　03(5577)6202

制作協力　春日榮
カバーデザイン　渋谷政光

印刷・製本　ラン印刷社

ISBN　978-4-8276-0272-2　C0095　¥1200E